荣她说

生活不会亏待任何一个精致生活的女人

张荣花·著

天津出版传媒集团
百花文艺出版社

我们都渴望成为这样的女人，

有树木的坚挺，也有花朵的柔美。

目录

/ “4rong女性提升法”第一则： /

荣她说：性别是你的荣耀

／ “4rong女性提升法”第二则： ／

容她说：魅力是一种态度

/ “4rong女性提升法”第三则： /

溶她说：提升爱的能量

/ “4rong女性提升法”第四则： /

融她说：成为一个有大未来的女人

“4rong女性提升法”第一则

荣她说：性别是你的荣耀

一个女人，上天赐予美貌，是一种幸运。
不困于容貌的优势，
愿意去彰显头脑的魅力，这就是一种可敬了！
女人当然可以成为一种荣耀，
前提是，她足够独立，足够强大。

荣者为木，又谓之花。

《说文》中，荣乃桐木也。

《尔雅》中，荣又为植物开出的花。

一个荣字，诠释了女人完美的一生：做一株开花的树。

很多人问我："在你心目中，哪个女人活出了自己的完美？"

我心中的女性偶像很多，她们肆意生活，为"女人"这个称谓增光添彩。感受最深的当属惊艳了一个时代的海蒂·拉玛，作为红极一时的好莱坞女星，在二十世纪三十年代，她被誉为"全世界最美的女人"，颜值足可碾压梦露、费雯丽等绝美女星。

海蒂·拉玛并不是传统意义上的好女孩，她拍过全裸电影，出过性爱写真，在那个保守的时代里，她曾经是上流淑女们谈之色变的对象。

如果你因此认定她是个简单的坏女孩，那就大错特错了。后人对于海蒂·拉玛所有的认知，都是因为她这个造福了后世的头衔——CDMA之母。

拉玛曾经抱怨，电影公司总宣传她是“世界上最美丽的女人”，观众根本不会注意她的演技。为了证明自己也是个有脑子的女人，她投身科学研究。上学时，拉玛学的是通讯专业，当她后来进入研究领域，凭着聪明和毅力终于有所成就，海蒂·拉玛成了一直以来渴望的那种可以用头脑赢得尊重的女人。

拉玛对全球无线通讯技术所做的贡献至今仍无人能及：入选过美国发明家名人堂和爱迪生、瓦特、贝尔等科技巨匠并驾齐驱。罗永浩称赞她：“好看得不像实力派！”

一个女人，上天赐予美貌，是一种幸运。不困于容貌的优势，愿意去彰显头脑的魅力，这就是一种可敬了！

女人当然可以成为一种荣耀，前提是，她足够独立，足够强大。

澳大利亚女作家杰梅因·格里尔在《女太监》中描述自己心目中的自由女性：“她应该是这样一种女人，其存在不是为了体现男性的性幻想，也不靠男性赐予她身份和社会地位……她的权威随着年龄而增强。”

我们都渴望成为这样的女人，有树木的坚挺，也有花朵的柔美。在接近阳光的时候，可以展示自己的灿烂，当你到达了这样的状态，会切身感受到：身为女人，是一种荣耀！

和喜欢的一切在一起，这样的女人老得慢

在美国的时候去看画展，恰好看到了传说中“摩西奶奶”的画，那明快的色彩搭配、流畅的线条晕染，让我为之一震，完全想象不到它们出自一个七十六岁才拿起画笔的老奶奶。这些画的吸引力使得回国后的我开始细细去了解摩西奶奶的故事。

摩西奶奶出身于农民家庭，年轻时是一个普通的农场工人，她喜欢刺绣，经常用针线去编织乡村美景。摩西奶奶一生养育了十几个孩子，和其他的妈妈们一样，每天就是擦地板、挤牛奶、照顾孩子，忙完这些才会拿起针线绣下自己的心头好。

摩西奶奶的命运在七十六岁这年迎来了转变，因为关节炎，手指不能灵活扭转，她不得不放弃了自己喜爱了大半辈子的刺绣。随后的摩西奶奶也没闲着，她心中一直装着美景，不愿放弃自己对美的向往。在放下针线后，她又拿起了画笔。

摩西奶奶八十岁的时候在纽约举办画展，轰动一时。她从未接受过正规的绘画学习，对美的热爱使她爆发了惊人的创作力，从七十六岁才拿起画笔到她一百零一岁仙逝，竟创作了一千六百幅作品，在全世界举办画展数十次，如今世界各地的不少知名博物馆均有展出。

日本著名作家渡边淳一在年轻时非常迷茫，他喜欢写作，却做着另外一份收入稳定、又无聊透顶的职业。他给摩西奶奶写信，问自己该如何选择。

摩西奶奶在给他的回信中说：“做你喜欢做的事，上帝会高兴地帮你打开成功之门，哪怕你现在已经八十岁了。”

如果没有摩西奶奶的鼓励，不知道还会不会有后来轰动文坛的渡边淳一。但看到她，我就明白：做你热爱的事情，什么时候开始都不晚！

有人对我说：“你到底是什么材料做的？为什么精力这么充沛？天天那么忙，依然能像小姑娘一样朝气蓬勃，你不累吗？”

我哈哈大笑：“做自己喜欢的事，怎么会累呢？”

每次荣庄有新来的员工，我都会跟他们讲：“我希望你们是因热爱而来。如果不是发自内心的喜欢，这是对我的辜负，更是对你们青春的荼毒。”

世上最昂贵的是时间，请把昂贵的时间浪费在喜欢的事情上！

经常看到那些每天敷衍着工作的人，我会可怜他们。是的，是可怜。你想啊，每天八小时待在一个讨厌的环境里，做着不喜欢做的事，累得腰酸背痛，从周一开始就盼周末下班，还得忍受着上司的坏脸色。这不是可怜是什么？

也有些人，每天工作到十二点，第二天还能照样六点钟起床，兴高采烈地来上班。就像我一样，每天都是被迎面而来的梦想叫醒。因为，我们是在为喜欢的事情而工作。

每个人身上都有一种隐藏的能量场，平常你看不见摸不着，只有遇到极热爱的人和事，才能够激发出它产生的化学反应。我们说恋爱中的女人最美，是因为在遇到真爱时，能量小宇宙的爆发点燃了女人的潜能。

这么多年我始终有个诀窍：每当开始一项新工作前，会在镜子前端详自己的眼神。如果眼神里有光、有亢奋的激情，说明这项工作八九不离十能做到至臻至美。若是连我都能看到眼神中的犹豫和黯淡，那么这样的项目，我真的会缓缓再看。

能够决定一件事情成功的，有时不一定是经验和能力，恰恰是那种不顾一切的热爱。你足够热爱的事情，必能成功！可以像疯子一样去努力的人，命运会主动放她通关！

我一直庆幸自己此生最好的运气，是找到了喜欢的事业。提到“事业”二字，大家可能首先想到的是赚钱。很多人看到我就会说：是啊，能拥有一份赚钱的事业，当然是好运气啦！

不能说这观点是错的，但我要说：“你可能把顺序弄反了。”

一个人去做一份不喜欢的事业，通常不懈奋斗，或许也可以做出成绩，但很难做出大成绩，因为内心是排斥的，试想，一个人又怎会对内心排斥的事情奉献全部激情呢？

正确的顺序应该是，你喜欢一件事，并且为之努力，倾注热情，最理想的状态是最终把它变成赚钱的事业。

中国人对于“喜欢的事情”，总是习惯性的带有太多功利化思维。

听高晓松讲过一个有关他亲戚的故事。亲戚全家移民到了瑞士，可爱的女儿就要上大学了。高晓松某次就问这女孩：“将来想学什么专业？”

女孩说：“我想学音乐。”

高晓松不以为然：“学什么都别学音乐，做音乐不赚钱，养不活自己的。”

身为一个曾经的音乐人，高晓松觉得自己完全当得了这女孩的人生导师，必须得给她一些中肯的人生建议。于是，当他把做音乐人如何如何辛苦，生活如何如何没保障统统告诉她之后，没想到这女孩一脸茫然：“我喜欢音乐为什么不能学音乐？难道学音乐就是为了赚钱吗？如果连自己喜欢的事情都不能做，那生活岂不是太没劲了？”

女孩的父母对女儿的观点深表认同，一致认为高晓松的思想太庸俗了。这下就轮到高晓松犯蒙了。

无可否认，瑞士生活日常所需费用，由国家政府补贴，在衣食无忧的环境下，人们的生活状态会轻松许多，也就愿意选择做自己喜欢的事情。但这个故事仍然引发我们去思考：你是不是仅仅把爱好当成了赚钱的工具？

遥想当年，高晓松作为校园音乐的教父，我们的少女时代几乎都是听着他的歌开始了初恋，那时候他对音乐充满了激情，哪会有若干年后他会说出“做音乐不挣钱”的抱怨话。或许是因为此时他已转型成了脱口秀主播，所热爱的事情已经从音乐变成了说话，无论如何，我觉得别把爱好变得太功利，是我们获得职业幸福感的基本来源。

非常欣赏八零后九零后这两代人的生活观，有时候你觉得他们自我到乃至有点自私，但不得不承认：他们每天过着自己喜欢的生活，纵情于热爱的梦想，那种样子，闪光又灿烂！

我常对上中学的女儿说：“不管将来你学什么，一定要学你喜欢的专业。将来毕业后，找一份自己喜欢的工作。赚钱倒是其次，起码这样可以让你每天从早上六点到晚上六点都是幸福的。”

没有哪个女人注定是平庸的，也没有哪个女人被上天过分偏爱。只不过有些女人敢于去和自己喜欢的一切在一起，不论爱情还是事业，她只选择喜欢的，不去管世俗的评价，若干年后，她依然眼神有光，充满自信，笑起来都还是当初的模样。

和喜欢的一切在一起。这样的女人才老得慢！

敢不敢一直活成自己原本的样子？

一个女人应该活成什么样子？

在女人之间，我们经常会聊到这个话题。有时和闺蜜喝着下午茶，也会不自觉地扯到自己所欣赏的女人榜样上，我们从今谈到古，历来有名有姓有故事的女子早已数了个遍。女人过了四十，似乎特别有总结的欲望，总结自己，总结他人，总想给生活下个定义，在我们的下午茶时间里，常常会把女人做不同的定义。有时候遇到些难题挫折，会说“女人就该活成豁达通透的样子”。有时候看着同龄的姐妹又遇到了爱情，也会羡慕着说“女人就该活成一辈子的小女孩”。

都说四十不惑，我不认同这句话。似乎女人在“做一个什么样的女人”问题上，一直都有着解不开的困惑，随着年龄的增长，会不断地更新需求。

一位闺蜜说："这说明我们还有追求美好生活的愿望。"

太赞同这句话了，就像谢霆锋眼里五十岁的王菲"只是一个小女孩"一样。女人这一生，心理上对年龄真的没有太大的界限，或者说，在内心的某个区域，我们一直如少女般对待自己。四十岁的女人也照样会像小女生一样疑惑：我到底要成为什么样的女人？

我确信自己的未来，对于女人的活法，还会有不同的定义。但今天的这个下午茶，我有一种特别的冲动，我想说："女人最应该活成的，是自己的样子。"这句话听上去很有敷衍的味道，什么是自己的样子呢？

每个人有各自的特质，时而理性，时而感性，时而执拗，时而豁达，怎么确定哪种特质才是属于自己的样子？其实，自己的样子，就是让你感受最舒服的样子。

我们每天大多数时间，活得并不舒服。工作，你不能由着性子来，要扮演不怒自威的管理者。生活，也不能全由着性子来，作为母亲，还要承载着育儿的榜样。或许一个女人，真的只能在爱情面前，才可以任性做自己。

今天想说的这个人，就是一个在爱情中任性的女人。虽然历史把她归结为红颜祸水，但正应了那个规律：好女人只适合敬重，坏女人才让人妒羡。女人内心里渴望成为的那些女人，大多都不算真正意义上的好女人吧？比如潘玉儿。

南齐很不成器的皇帝萧宝卷，却因为一段非比寻常的感情生活而被后人记住。萧宝卷极爱妃子潘玉儿，对她的宠溺绝不比李隆基宠杨玉环少，对她的依赖也不亚于朱见深对万贞儿。这潘玉儿当然是美人，但她名留后世的，却不是芙蓉面，而是三寸足。我们现在都知道的“三寸金莲”，就是因潘玉儿而来的。潘玉儿脚生得小巧，白嫩如春芽，柔软如无骨，就这一双脚把萧宝卷彻底迷住了，专门为她打造了白玉地面，上有黄金指的莲花点缀，萧宝卷天天看着潘玉儿光着脚丫子在这白玉地面上走来走去，真如步步生莲般妙不可言。从那时开始，就有了“三寸金莲”的比喻。

如果你觉得这就是个皇帝宠爱后妃的寻常故事，那就错了。萧宝卷是后人皆知的昏庸皇帝，十六岁继位，还是小孩子脾气，一股子玩心，他一辈子唯一专心做过的事情，大概就是一心一意爱了一个女人。

萧宝卷贵为帝王，但在潘玉儿面前，就是一个再普通不过的男人，老百姓家里的老公该干什么他就干什么，上老丈人家里打水扫地，给厨子帮忙打杂，百分百纯种毛头女婿的形象。古代宠爱后妃的帝王中，纵然是李隆基对杨玉环，或是汉成帝对飞燕合德，即便再多恩宠，也都是高高在上的帝王范儿，唯有萧宝卷，可以为心爱的媳妇摆摊卖菜！

潘玉儿出身民间，父亲是小商贩，她自小帮父亲练摊，习惯了市井生活，进宫之后受不了高墙大院的无聊生活，嚷嚷着还要过从前的日子。寻常人眼中，这女人是疯了，嫁给皇帝还不满足，还要做摆摊糊口的商贩女。这潘玉儿偏就这么口味不同寻常。

萧宝卷为了满足她，在宫里搭了个集市，各种果摊菜摊肉摊杂货摊，全照民间的来，宫女太监们就扮演商贩和市民，煞有介事地讨价还价。他还让潘玉儿做市场管理员，自己就当个城管，给媳妇儿打打下手，要是商户们有了什么纠纷，他来协助潘玉儿解决。偶尔商贩不够了，萧宝卷就亲自上阵，当个肉摊老板，当时还有个民间小调："阅武堂，种杨柳，至尊屠肉，潘妃沽酒。"

你看，像不像一场闹剧？——但这闹剧仔细咂摸起来，又觉得好甜。

潘玉儿从来不拿萧宝卷当皇帝，生气吵架了就拿棒子打他，萧宝卷一边求饶一边哄她："老婆啊，棒子这么粗，你打着多累啊，咱换个细点儿的行不？"

萧宝卷的功过是非且不做评论，毕竟人家是皇帝，身份摆在这里，你看现在很多男人刚混到部门经理，回到家就能跟老婆颐指气使，觉得自己了不得了！又能有几个男人像萧宝卷这般把老婆宠得无法无天！

说到潘玉儿的魅力，当然首先是漂亮，但帝王之家，漂亮的女人又何止潘玉儿一个？在我看来，潘玉儿能让萧宝卷宠得像个孩子，最极致的魅力就在于——敢于做自己。

不是所有女人都有这样的魄力，尤其是宫廷之中。纵然杨玉环吃李隆基的醋赌气三回娘家，最终还是要找个台阶下，被家人劝着回宫认错。潘玉儿出身民间，本身也没有那些豪门淑女的经历，硬要她像贵族一样生活，才真是难为她。索性做原本的自己，也幸好遇到了一个肯纵容她的男人。

一个女人的幸福，有时候不单单要靠自己的努力，也要靠对方的成全。自己单方面费尽心力，对方不领情不配合，也是白搭。萧宝卷绝不是个好皇帝，却是个好情郎，他宠着她，让她由着性子去生活，也因此成全了一个敢于做自己的女人。

萧宝卷在萧衍攻入都城建康后被杀，潘玉儿也有情有义，不肯二嫁，殉情而死。苏东坡曾感动于潘玉儿的深情，为她赋诗：

月地云阶漫一樽，玉奴终不负东昏。

临春结绮荒荆棘，谁信幽香是返魂。

我们都是寻常女人，不可能有潘玉儿一样这般集市王妃的奇遇，但我们起码可以像潘玉儿一样去放胆生活，朝着内心中渴望的样子去生活。

这不是太容易的一件事，世俗总会教育我们要活得符合大众的标准，人生一世，没有人可以替代你开心，也没有人可以替代你懊悔，当你迷失在别人的标准里，也就距离内心的幸福越来越远。

我越来越欣赏那些敢于做自己的女人：在人前她坚持自己的观点，爱情中不畏人言，生活里不攀比任何世俗的虚荣。——我们所有见过的关于女人的传奇，大多都是因为她们敢于活成了自己的样子。

女人的魅力始于自律

很多人都羡慕我的身材。没错，我的体重跟二十岁时比，几乎没什么变化。

“你呀，真是上天的宠儿。”

嘘！这世上哪有什么上天的宠儿！女人年过四十，能把容貌身材保持如初，靠的不过是自律罢了。

这个世界上我最钦佩的就是自律的人，股神巴菲特说：如果小事没办法管得住自己，大的事情便也很可能约束不了自己。

能成为每一个行业顶尖人才的，首先都超级自律。

我们身边都有几个天天喊着要减肥、始终没有减掉任何体重的闺蜜。有时候看着她们一边大快朵颐一边嚷嚷着减肥，都忍不住想给她们讲讲这些故事。

大小S姐妹，四十岁的她们能保持二十岁的容貌和身材，源于自律。大S曾在三周内减重二十斤，她们声称自己的家里从来没有买过零食和甜味的饮料，只吃有益身材的健康食品，并且严格定量。

中国的超模教母韩颖华，人称韩姨，六十岁仍能保持着苗条纤细的身材，她的秘诀是“一碗食”，不论水果蔬菜还是主食，每顿饭总量加起来不能超过一个饭碗的量，这个饮食习惯她保持了几十年。

我们熟知的“娘娘”孙俪，每晚十点钟睡觉,早上六点钟起床，早睡早起拒绝拍夜戏，超级健康的作息规律简直不像娱乐圈中人，这也是她保持健康和美丽的诀窍。

……

是的，女人的成功和美丽，绝不只是靠运气。你看很多有才华被埋没的人，总说是时运不济。我却觉得是因为他们没有足够的自律。

我们身边一定都有这样的朋友：自诩为有才华有想法，但是疏懒、自傲，别人熬夜加班的时候，他在熬夜吃零食看电影，别人每天早起用功，他觉得凭自己的聪明可以多睡几小时……若干年后你再看，当初那些才华不如他的人在各行各业成了中流砥柱，他则被人抛了很远。

都听说过“伤仲永”的故事，传说江西神童方仲永五岁就能写诗，虽从未读过书，但能出口成章。方仲永的父亲因此大为得意，天天带着仲永到处显摆，表演作诗，也因此获得了很多金银打赏。等仲永到了入学年龄，父亲也不让他上学，依旧带着他四处表演，得不到充电的仲永，天分被渐渐耗光，长大后也就沦为一介普通农夫。

与之相反的案例则是北宋著名的政治家晏殊，他也是少年高才，十四岁时被地方上作为“神童”推荐给朝廷，很多人认为晏殊当官之后也会像其他的年少官员一样，贪于玩乐。可晏殊却很自律，每日办完公事，从不参加宴饮娱乐，只是闭门读书。皇帝知道后大加赞赏，点名让他去太子手下为官。是自律，让年少有为的晏殊拉开了与众人的距离，最后官至宰相。

再好的才华也架不住惰性来糟蹋，生而为人，不要做欲望的奴隶，只有自律，才可以令女人活得更高级！

身边经常有人以“磨刀不误砍柴工”为由，说“吃好玩好才能工作好”。我当然不否认休息对于恢复体能的重要性，但也深知，一个人把太多精力用在吃喝玩乐上，往往很难把心思快速切换回工作，也就是说，懒散惯了的人，也会慢慢不习惯有规律的生活。

心理学上有一个著名的实验：一百个人被随机分为三组。第一组每个人都得到了一盘小萝卜，然后全部吃光。第二组每个人都得到一盘饼干，然后全部吃光。第三组每个人可以选择他想要吃的东西，也可以选择什么都不吃。

在所有的萝卜和饼干被吃光后，每个人都被要求解答同一道难题，实际上这道难题根本没有答案。二组和三组的人在猜了大约十五分钟后放弃，一组的人只猜了七分钟就缴械投降了。

这次实验就得出了一个结论：一组成员把精力耗费在了吃掉那些难啃的胡萝卜上了，而二组和三组成员则保有更多的精力去解答难题。

生活中很多例子都能印证这个实验的理论。比如，一段长假过后，你很难快速切换回工作状态，可能要花费几天时间才能慢慢适应工作；你天天说吃最后一顿大餐，从明天开始减肥，真正开始减肥时却觉得身体出现了各种不适的状况。个人在安逸的环境中习惯了，会磨损掉紧张的节奏感。我从来不认为什么事都可随时随地从头开始，如果没有养成足够好的自律习惯，即便你想回到从前，那也是无路可走的。

心理学家总结关于自律的规律：自律的前期是兴奋的，中期是痛苦的，后期是享受的。

一开始你给自己制定自律计划时，都会有三分钟热度，前一个星期，我们都会沉浸在自律的喜悦中，觉得自己很棒，可以战胜可恶的惰性。大部分人都在自律的中期感受更明显，一周的新鲜劲儿过去后，还要坚持枯燥的自我约束，是一种很大的折磨。当你把自律的生活变成了一种习惯，习惯到如果离了它你将变得不适应，那就到达了自律的高级阶段，能享受自律带给你的快乐了。

那些真正的成功者，通常都是到达了享受自律成功的阶段。李开复说：“千万不要放纵自己，给自己找借口。对自己严格一点，时间长了，自律便成为一种习惯、一种生活方式，你的人格和智慧也因此变得更加完美。”

有人说自律太难，是因为他们短时间内没有看到自律所带来的成果。我们严于律己，都是为了能成为更好的自己，如果你并没有在自己身上看到奇妙的变化，也就会没有愿望去坚持自律的生活。

其实在自律训练的过程中，我们可以适当地把大目标分解为小目标，大目标短期内很难看到结果的实现，但小目标不同，它稍稍努力就可以做到，这更容易激发我们的斗志。假如你的终极目标是减重十公斤，就可以把这个目标分解为每周瘦身两公斤，通过运动和节制饮食，一周瘦四斤并不难，当你完成了第一周的任务后，就会对自己很有信心，这样接下来的第二周、第三周……依靠之前看到的自律成果，也就会激发你坚持下去的决心。

除此之外，我还有一个多年来保持自律的习惯：先挑战最困难的目标。

我的工作习惯是向一切不可能挑战，在这个过程中，我会先积极主动地去尝试最难的那项工作，这样做的优点是，可以一开始就把身上的细胞能量全部调动起来，以最佳姿态来全力以赴地应对困难。这样做完了最艰难的工作，接下来再去完成较容易的项目时，就会有一种“渐入佳境”的愉悦感，觉得工作越来越得心应手，成就感油然而生。

有人在网上提出了一个问题：你认为自己最深刻的错误认识是什么？点赞最高的回答是：最初以为自由就是想做什么就做什么，后来才发现自律者才有自由。

我们曾经都有这样的错误认识：人生不过百年，就是要尽兴才好。吃想吃的东西，做想做的事，让自己开心。

你以为这就是爱自己吗？当然不是。看看那些在衣食住行工作生活方方面面都惯着自己的人，不到四十岁便形象油腻，工作上毫无建树，在别人眼中他们不过是庸庸碌碌的俗人一个。试问，这样的人生，算是尽兴吗？

尤其是女人，想要拥有对生活的掌控力，首先要掌控自己。你管不住自己的嘴巴，看不好自己的身材，养不美自己的容颜，你觉得生活和爱情中，还可以任情任性吗？

答案当然是否定的。那些被命运宠爱的女人，一定对自己足够狠。女人都想要好的爱情、好的事业、好的生活……所有好的一切，都因自律而获得。

你想活得随时随地都像女王？那么请从现在开始，管好你自己！

“麻烦”的女人，才能过上梦想的生活

身边有个“麻烦”的朋友，说起她，友人们总有一大堆的吐槽。

早餐的时候，也就面包煎蛋而已，一定要摆放在英国带回的瓷盘里，一个猕猴桃或是两只草莓，要切成薄片，盒装的酸奶要倒进带着花纹的玻璃杯，如果是麦片牛奶，溅到杯口的奶汁也一定要拿纸巾擦干净才摆上桌。刀叉筷勺更是用心，她会专门去家居店选购，从手感到重量，一定要亲手试过才放心购回。餐桌的桌布必须周周都换，不仅是为了保持清洁的考虑，更是为了换个心情，不同的花色，不同的质感，让这一顿早餐也变得生动起来。

我们会问她：“一顿饭嘛，用得着那么麻烦吗？”

她回敬一脸惊讶：“怎么会是麻烦呢？难道不是个很享受的过

程吗？”

是的，她从不认为这是“麻烦”。反倒经常跟我们说道理：“一家人吃个早餐，烤面包的时候顺手就能煎几只鸡蛋，水果削皮切好用不到五分钟，牛奶冲好端上桌，总共花不到半小时的时间。有时候我也会早上熬点汤粥，趁着炖在锅里的时间梳洗打扮，等端上桌时，一个美美的早餐就开始了……”

她在说起这一切的时候，脸上的那种光彩让我相信，她是真的很享受这个细节。是啊，能把日子过出花样来，也不失为一种情趣。

不知道是不是受她的影响，近些年来，我觉得自己也有日渐变得“麻烦”的倾向，尤其是关于吃饭这件事。

只要是休息的时候，我的家里永远是会定时用餐的，什么时候饿了什么时候吃，这种事绝对不会发生在我家的餐桌上。定时用餐，不仅是健康的生活作息方式，也是给孩子和家人植入一种亲情的氛围，不论在外多忙，玩得多疯，到点了，该回家吃饭了，团坐在一起，享受美食，聊聊心情，这就是所谓的家。

至于做饭这件事，虽然家里也有阿姨帮忙，方便的时候，我也会自己来做饭菜，一个家庭的太太，不论事业多么成功，她首先是一个妻子，一个母亲，而一起吃饭是与家人间最好的互动。我享受这种精致饮食端上餐桌与家人共享的仪式感。

我是个喜欢一切美好事物的人，美丽本身就值得你用更重要的仪式去对待。在庄隐阁餐厅里，每一件装修的陈设都是我亲自挑选，竹帘木凳，花卉盆栽……美食必要配上美器，才能吃出更好的味道。我的餐厅里，桃胶必要装在水晶碗里，炖品的盖盅得是上好的白瓷，普洱的茶盏要大小合宜，哪怕是凉菜的盘子都是独家定制款。朋友们说我挑剔，我不否认，我只是想把一切美好的事物做到极致。

在《小王子》中，小王子问狐狸："仪式是什么？"

狐狸说："它就是使某一天与其他日子不同，使某一时刻与其他时刻不同。"

看看身边你不难发现，通常在重要的日子里，情侣或是朋友间，会选择西式餐厅去庆祝。难道西餐真的那么丰盛，才配得上重要的日子吗?

单从食材味道看，我觉得西餐不如中餐，不过吃西餐时的那一份仪式感，会让人觉得自己整个人都郑重起来了。当精致的刀叉摆上桌，雪白的桌布上放着古色的烛台，我们穿着晚礼服，正襟危坐，看大厨在你面前炮制食物。——那些胡吃海塞的饮食，吃的只是食物，精致讲究的饮食，吃的是文化。当我们的生活到了一定的层次，当我们的精神世界领略了更高的层面，难道不应该让自己活得更有品质一些吗?

我越来越欣赏变得"麻烦"的自己。

当然，生活的仪式感，不仅仅体现在饮食上面，它还充斥在我们生活的每一个细节中。我如今也会在家里放上两个储蓄罐，开心罐和伤心罐。我会让女儿经常把开心和不开心的事情都写下来，储蓄到里面，过一段时间再打开来看，会发现开心的事情会让你再度开心，不论多久想起来那些时光都忍不住莞尔。而不开心的事情呢，经过了时间的沉淀，会发现它完全不重要了。心理学家说，把烦恼写下来，这也是解压的一种好方法。这个细节，让我们留住了很多特别的回忆。

我和家人、朋友、员工之间，会有些特别的表达方式。跟女儿会是一个亲密的抱抱，跟闺蜜也许是个顽皮的隔空Kiss，跟员工有时来个特别的加油手势，这都是属于我们之间特别的鼓劲方式。尤其在遇到一些特别高兴的事情时，我们常常会做这些特定的亲密举动，这瞬间让我们彼此觉得都是最特别的存在。我不是一个特别喜欢温情款款去表达自己的人，有时候也觉得自己不善于讲那些溢美之词，但设计几个很特别的小动作，却能够让我和周围亲人朋友之间感情升温。

每年的年会或是一年一度重要的聚会时刻，我会问大家一些同样的问题，像是“今年最开心的事是什么？”“明年的愿望是什么？”对孩子也一样，每年我总会问“将来想做什么职业？”“今年对妈妈有什么不满意的地方呢？”并且我会把他们的回答记录下来，这对我而言是一种仪式感，我知道自己不仅仅要负责自己的幸福，更在某种程度上负担着他们的梦想。

我用这种方式提醒着自己的责任，并且越来越发现，一个敢于承担责任的女人，衰老的速度会变慢。——被那么多人需要，我哪敢轻易老去?

是啊，我是一个忙得没时间变老的女人，但忙碌中也没忽略掉生活的精致。工作的忙碌，留给我享受生活的时间其实并不多，哪怕一周仅有一次，也会让自己来一次精神上的SPA。我常常会在一周的休息日里买上一束鲜花，修剪好插进水晶花瓶，打开音乐，饭后选一本自己喜欢的书，有时候会选花果茶，有时候则是明前的绿茶，就这样晒着午后透进窗来的温热的太阳，感觉一周的疲惫都渐渐消退了。

女人的事业固然重要，但事业所带来的只是一种野心上的满足感，真正能浸润于心的，还是生活的种种细节。

美国亚特兰大日报社的研究调查发现，回忆所带来的幸福感远胜于物质的满足，甚至超过了事业上的成就。生活中的仪式感，所带给人的，是源源不断的回忆和丰富的感受力。

随着年龄的增长，我们都要靠回忆活着，你不可能天天都在旅行，也不可能天天过节日，更不可能天天开心到没烦恼，能够把每一次美好的回忆留住，这一生也就有了可回忆的念想，生活如此不虚度。

王小波说：一个人的生活仅拥有此生此世是不够的，他还应该拥有诗意的世界。

诗意的世界是什么呢？它仅仅是一份善于调味生活的细心。

不要总是对生活抱怨再三，总羡慕着别人的世界。诗意不一定都在远方，只要善于经营，每一天的手边生活，都诗意盎然。

如何成为
一个精致生活家

一位很年轻的小妹妹问我："您觉得成长是什么？"

我说："成长就是一路丢掉你喜欢的东西。"四十岁之后，我越来越认同这个道理。

很多不熟悉的朋友对我先入为主的印象会觉得："你们女强人，肯定都是钢筋铁骨。"

似乎大众觉得一个女人能把事业做得那么大，首先在体能上就有"超人类"的特质。我不否认近几年自己身体状况越来越好，但这不是天生的，大都是后天护养而来的。

曾经有一段时间身体状况很差劲儿，生孩子本身就是女人的一场大耗能，加上胃阳不足，有那么一阵子自己气色看起来很差，整个人的状态也蔫蔫的。后来好友田濮丞医生给我把了把脉，给我开了一张药方——不用吃药，只要戒三样吃食即可：花生米，柿子，笋干。

田医生一番话让我倒吸一口凉气。可能对于别人而言，这三样吃食可有可无，可对我而言，这几乎是我饮食中的全部乐趣！

周围朋友都知道我吃起花生米来简直没够，一碟花生米，不论油炸的盐煮的，放在我面前很快就能光盘。柿子更是我最爱的水果，几乎可以一次吃光一小盆。尤其笋干，生于南方的我，更是挚爱。即便餐桌上没有其他菜品，只一盘炒笋干，都能让我多吃两碗饭。

听闻田医生一席话，我就跟他讨价还价："要不我喝点中药调养一下呢？这三样吃食我以后尽量少吃点行不行呢？"

田医生的态度很坚决："不行。想治病必须戒掉这三样。"这句话可让我失望透顶了。

据田医生讲，花生米属豆类，极难消化，尤其对于我这种肠胃功能弱的人群，更是肠胃克星。柿子性涩，对气血流通有阻碍，容易导致气血不畅。笋干则偏寒，大量进食也不适合我的体质。听完田医生的话我才惊悟：原来自己身上的毛病，都是这些年吃出来的！

从那之后我才开始生平第一次克制饮食。对于一个四十岁后还能维持着当年二十岁时体重的女人，可能很多朋友会觉得我一定天天节食，其实不然，我自认为是那种胃口上佳的人群，顿顿得有米饭。不可否认，随着年龄的增长，新陈代谢减慢，大量油脂很难被吸收，也是近几年来我开始吃素，也绝不再食凉。早些年很多喜欢的饮食，在四十岁后都渐渐say goodbye（说再见）。可能随着年龄的增长，我最大的感受就是，人不能给自己添堵，那种“不适合的生活偏要去尝试”，这本身就是一种给健康添堵。

其实人年轻时总会遇到挫折，就源自太过纵容自己。只满足自己的喜欢，却不顾忌身体真正的需要，难怪当初的我们总是活得不舒服。而成熟，是一个逐渐抛弃的过程，在这个过程中，我们已经学会了甄选自己适合的，也懂得了用真正对的方式来爱自己。

至今我仍很感谢田医生当年给我开出的药方，后来我也根据他的建议，慢慢用食补的方式来调养自己。我一直特别喜欢田医生教的一道甜品，银耳皂角米炖红糖。就把这三样东西放进电炖锅，出锅后食用，效果可以替代燕窝。你看，保养自己真的不需要那么名贵的食材，吃对的食物，比吃爱的食物重要得多。

说到如今我最爱的一种护养健康的方式，就不得不提到荣庄的炁脉了。荣庄上上下下的员工都知道，我离不了炁脉养生。

可能很多朋友对炁脉不太了解。其实中医把炁视为生命活动的原初能量，古有“一炁化三清”之说。炁的读音与气相同，虽然如今“气”这一字被普遍使用，但很多时候“气”是“炁”“氣”的简写，然而“炁”和“氣”从其本来的字意上却有很大差异，“炁”是一种能量，为先天之气，“氣”为五谷之气，可以理解为后天之气。从养生角度看，“炁”是一种疗愈能量，存在于宇宙万物间一股生生不息的能量流。在吐纳、禅坐之中，所讲究的气是炁的能量流，从动作与意识的相互配合下，使人体得到自我疗愈、养护健康体魄，从而提高生命质量。

荣庄的炁脉养生区别于一般推拿按摩的纯手法操作，把手法、功法与心法三者结合。炁脉养生师每天会用大量时间来站桩、打坐练功以养气、炼气，以达到最好的治疗能量。

炁脉帮我排除体内毒素的同时，还能助我补充健康能量。这是我这几年来气色发生翻天覆地变化的重要原因。

除此之外，在二十四节气的每个节气当天，我会进行针灸，根据年月日时的变化，针对节气调理身体，养生也需要达到天人合一的境界。每个节气的当天尽量减少体能消耗，不耗阳，不熬夜，少讲话，戒辛辣……节气养生，同样是我的养生秘笈。

我非常愿意把自己觉得好的生活方式分享给大家，在荣庄，我也会鼓励员工们多去尝试这些有益健康的项目，会给出他们特别的员工成本价，几乎一餐饭钱就可以做一个养生项目，其余费用由公司来补贴。我希望团队成员能和我一起健康。在这个世界上，分享快乐和分享健康，同样是最令人幸福的事情。

回头看看自己这些年，总会觉得惊讶：曾经不管不顾的女汉子，成了周围人眼中的精致生活家。曾经最爱的饮食，如今也不再出现在我家的餐桌上。曾经我以为自己可以有无穷无尽的体力，现在明白每个人都能量有限，需要好好珍惜和护养。

一路走来，舍弃的东西越来越多，却也收获了健康和更美好的容颜。看到心理学上说“女人一生最美的时候在三十二岁，是容貌成熟的最巅峰”，我却更爱自己四十岁后的容颜，那上面有故事，也有光华。我终于慢慢长成了曾经渴望的样子，当然，都是因为我学会了丢掉那些喜欢但不适合自己的一切。

一个真正成熟的女人，一定要学会舍弃。否则，真正对的一切，不会光临你的生命！

元气从何而来

荣庄有位非常特别的老师，听过她课的学员，都称她为“天使”，是为女人带来福分、帮伴侣调剂爱意的天使。她是林熙老师。

林熙老师最初是国内一名优秀的产后康复医生，后留学海外系统地学习产后康复专业，凭着自己多年的学习和研究，独创了造福无数女性的“熙式回春调息法”，教导大家通过正确的呼吸法，来保健我们的脏腑器官。

自从认识了林熙老师，我才知道自己生活中养成的很多习惯，都是破坏健康和青春的杀手，导致我们的元气每天都在消耗和流逝中。

比如，元气是被吃坏的。

现在人口味确实越来越重了，动辄火锅、烧烤、麻小，排队最长的食肆，不用细问，十有八九都是浓油赤酱麻辣重口的。这些浓重的味道，貌似是增加了我们的食欲，也使得我们的津液过度消耗，导致脾胃之气不足。过度重口味的饮食，很容易让人面色萎黄，口中干燥，甚至口臭，这都是脾胃元气不足的表现。从中医角度看，如果一个人元气满满，津液充盈，那么淡茶简饭都会吃得有滋有味。现在很多人经常陷入一个怪圈：总觉得元气不足要靠食补，为了增加食欲就靠各种重口味来刺激，结果反倒进一步消耗了元气。所以在我的养生餐厅“庄隐阁”里，每一道养生菜都经过了专业营养师的建议和鉴定，在追求口味的同时，更是做到了食补功效。

再者，元气是被“压”坏的。

我每天都要工作十几个小时，对于工作压力带来的疲劳感当然深有体会。如今每一个社会人都像一个气球，被充得鼓鼓的、满满的，不敢再轻易加压一点。随着年龄的增长，我渐渐知道，如果压力大又不注意保养，天长日久定然会损耗元气。我们一些同龄的朋友聚在一起经常交流“随着年龄的增长，越来越难集中精力了。年轻时脑子特别好使，工作十几个小时也不觉得累，现在稍微动脑子进行深度思考，就觉得疲惫不堪。”人过了四十岁，经常会觉得无精打采，记性变差，加上生活中的一些琐事烦心，就有三灾五病找上门来。这其实都是因为让压力耗尽了元气。

还有，元气是被极端情绪搅乱的。

我们都知道悲伤情绪损耗元气，就像《红楼梦》里的林黛玉，天天苦闷垂泪，难免就体虚身弱。除了悲伤，过度开心也是容易消耗元气的。医院急救室里，每到逢年过节都会有很多老人送来急救，儿女亲人一团聚，老人兴奋过度，容易气血乱行，增加心脏负担，严重的就得送医院救治。上学时学的“范进中举”就是这个道理，范进五十多岁才中举，考了大半辈子，猛然一听说终于中举了，结果气迷心窍，得了癫狂症。你看，过度开心也不是好事，古人才一直讲究“无悲无喜一生安”的道理。

有段时间，我经常睡眠不好，身体处于亚健康状态，田濮丞医生通过食疗以及炁脉疗法帮助我补血养身，苍白的脸上渐渐有了血色。

与此同时，林熙老师跟我说：“女人要想保持青春的状态，除了补血，还得补气。身体的健康，取决于两大循环系统的畅通，气和血。”

林熙老师特别强调了气的原理：我们身体有十三道气窗，保持“气”的畅通，才能保持住脏腑的健康状态。她说：“我们人都是靠着一口气来活着，如果一个女人身体内的气息是不畅通的，脏腑器官就会加速衰老。气是保命的，我的调息法是帮助女人锻炼骨骼以内的软组织和脏腑。”

也是从那个时候起，林熙老师开始教我“熙式回春调息法”，在练习了短短的一段时间后，我就看到了自己身上所发生的神奇变化，真正见证到了重生一定是来自于内在，来自于气。

后来在林熙老师的指导下，很多有各种健康困扰的女性，在荣庄获得了令她们惊喜的改变。“熙式回春调息法”是一对一定制化辅导的，针对每个人当下最需要的健康问题，林熙老师会为她制定专属于她的调息练习。有的姐妹几个月后发现自己的脸色润泽了，有的姐妹觉得自己身材更苗条紧致了，还有的发现多年鼓凸的胃包缩小了。无需节食，无需器械锻炼，只是运用调节呼吸的办法就可达到这种神奇的效果。而每天的练习时间，只需十几分钟即可。

林熙老师一直认为，气决定了生命的存在与否，懂得呼吸比懂得吃饭更重要。

人体的十三道气窗是生命的支点，如果内脏和外在没有交流了，就会如一潭死水，静止不动，接下来就会生病，乃至死亡。所以，“熙式回春调息法”的目的，就在于唤醒内脏，锻炼骨骼以内的软组织和脏腑。一定不要只通过外在的东西去让自己健康，健康要靠内救，靠自己去训练。

调息法有助于身体的灵敏度，你的身体越灵敏，就越有觉知力，思维也会变得灵敏起来。我们中国传统的武术练得是混元之气，而熙式回春调息法练得则是纯元之气。

每天晚上睡觉前和每天早上醒来后，拿出几分钟的时间，练一练“熙式回春调息法”就可以达到强身健体保养青春的目的。常年练习调息法的林熙老师，四十几岁的年纪了，不论身材还是肤质，都超过很多二十几岁的少女。

其实我跟林熙老师结缘，除了对她“熙式回春调息法”的信服之外，还因为她同样有着一份大爱精神。家境优越的她，并不把“熙式回春调息法”当成是盈利的课程，很多商业化的讲座，她都一概拒绝。她希望的是，能把幸福的诀窍传播给更多女性。如今我和林熙老师有了一个更长远的规划：希望通过林熙老师的辅导，通过荣庄培养出更多的百岁健康老人，真正实现荣庄生态养生的大未来规划。

林熙老师一直跟我讲：“我们每天都要跟身体对话，身体越鲜活，你的生命在宇宙空间的能量就越强。正确的呼吸吐纳，在帮我们与身体对话的同时，也扩展了我们的能量场。”

是的，认识了林熙老师之后，我越来越尊重自己的身体。我不再认为它只是一副皮囊，因为它也可以有它的灵性。只要我找到了对的沟通方法，身体，一定可以按照你希望的方式去存在，去青春！

请做一个“低耗能的女人”

我是个特别讲求效率的人，曾有一段时间发现自己出门的速度越来越慢，以前十分钟就能完成从起床到出门全部动作的我，后来忙活一小时。身边偶尔还有朋友会夸我：“哦，雷厉风行的女汉子终于也学会慢生活了，就是嘛，生活没那么赶时间，慢慢来多好。”

我一度也以为这是好的表现，安安静静地思考再三，并未发现“慢下来”的自己就提升了多少幸福感，直到有天听到一位老师讲“越是简单，越是美好”的极简主义生活，才恍然大悟：哦，原来现在的我是有点选择困难症了。

生活实在太丰富了：打开手机，海量的知识信息蜂拥而来，让你不知道该选择先阅读哪一条好。打开衣橱，总是会愣上半天，觉得从满满的衣架间选一件自己满意的简直比考试还难。朋友圈里的每一条信息我不再敢随便评论，因为朋友太多，几乎已经记不得他们每个人的相貌。

你有没有发现：选择多，反而是一件很痛苦的事？之前看一档节目，有个很优秀的女硕士说自己一个寒假相了二十多场亲，成功率为零，相到最后几乎感觉要崩溃了：从二十多个选项中选出一个自己愿意与之相伴余生的人，这比考硕士可难多了！

选择越多，越不快乐。这个规律不仅仅只局限于成年人。

教育学上有“五个原则”：就是说，给年幼的孩子提供的玩具，不要超过五个。

可能对于现在那些把孩子当成小太阳的家庭而言，这简直不可想象，但凡去到一个有小朋友的家里，谁不是玩具几大箱！莫说五个，五十个、五百个都有！

但教育学家认为：玩具太多容易让孩子分心，对智力发育不利。就算给孩子买上一大堆，他能抓到手中把玩的，也就那么几个。五个玩具足够孩子换着玩。当玩具少于五个，孩子可能会因为缺少玩具而自卑。但如果玩具的数量过多，反而会分心，还会限制他们的创造力。

所以教育学家建议父母给孩子备齐这些玩具就好：拼装类玩具，比如拼图、乐高；运动型玩具，比如滑板、推车；毛绒类玩具，各种玩偶；色彩类玩具，彩色的画笔画板；音乐类玩具，比如简单的小乐器。这五类玩具可以从色彩、声音、想象力、肢体平衡等不同方面开发孩子的智力，每种拥有一件即可，等孩子玩腻了，可以适当换一换，但千万不要一次性给予孩子太多选择。这样孩子既能专注于自己喜欢的玩具，也会更懂得珍惜，还能把玩具的价值最大化。这才是促进孩子智力成长的游戏法则。

我非常认同这个道理。女儿小的时候，我们带她出去玩，常常发现，如果去到的地方游乐设施太丰富，她会什么都想尝试，刚刚爬上滑梯，转眼看到了秋千，刚刚坐上秋千，又惦记着跷跷板。什么都想尝试，往往最后什么都没玩尽兴。相反有时候只带她去玩一个项目的游戏时，她却能一下午玩得特别开心。

一直听身边一些老人唠叨：“别给孩子买那么多衣服，小孩子太多衣服不好！”

起初我觉得这是老一辈的节俭观念，后来一位从事幼儿教育的朋友却表示赞同，她说：“小孩的衣服确实不用太多，每个季节有那么四五套衣服、三四双鞋，足矣。这完全能满足孩子的穿着需求，也不会让孩子产生太多攀比心态。”

选择过度时，孩子就难以从这些选择中得到百分之百的快乐，选项太丰富，幸福感反而会被降低。所以我一直提倡降低生活的耗能，做一个“低耗能的女人”，才是最幸福的事。

我始终认为，拥有的东西越多，耗费的能量也就越多。

高耗能的女性，通常分为两类：

第一类是潮女。就是一切要跟着时尚走，不计金钱和时间成本，总之以“完美主义”为目标。比如说你买了十件衣服，为了搭配它们，要再去买几双鞋子，顺便看看有什么首饰配着好看，最好再添几个包包。你选择了这十件衣服，接下来的一切物品都要重置，进行一轮又一轮的选择，这一系列的工程，真的很耗费能量。

第二类是节俭女。一切以节俭为目标，能省则省。很多人纳闷节俭的人怎么可能跟高耗能的生活扯上关系呢？然而我们的生活中，最容易浪费东西的，恰恰是这类貌似节俭的人。她们只买打折商品，只要有便宜货，就不顾数量地屯。不会买一千块以上的衣服，但遇到打折的一百块一件的，通常会十件八件地抢购。回到家里，很多丢进衣柜再没穿过。这类女人其实最吃亏，最后算下来，钱一点都没少花，生活品质一点都没提升。这种节俭，也是一种高耗能。

很多朋友看到我每天手里拎的是爱马仕包包，偶尔赞叹道：“爱马仕，果然是成功女人的标配啊！”

其实在我心里，并没有把品牌和成功扯上任何关系的想法。我用这个牌子的包包，纯粹就是因为它结实耐用。我每天包包里要装各种各样的东西，分量也不轻，曾经用过很多牌子的包包，虽然好看，拎着拎着就坏掉了。爱马仕被我钟爱，纯粹是因为它足够结实。我并没有用品牌来炫耀身家的想法，一个女人到了四十岁，如果还需要用这些浮于表面的物质来证明自己的成功，那就已经证明了这个女人的失败。

我喜欢一切有品质的东西，小至不论衣服还是包包，大到荣庄的每一件办公用品，乃至庄隐阁里的每一份餐具和陈设，都是我用心挑选、力求最高品质的呈现。“多则惑，少则明”，生活质量的表现，并不体现在物品的多少上，而是体现在品质上。

虽然喜欢逛街，但我一定不会买一堆堆的衣服，哪怕再喜欢，不适合的也不会选择。我深信，凡是不适合自己的东西，都是一种干扰，干扰着我们积极的生活能量。

我会把积攒起来的能量用以读书、工作、听音乐、扭扭腰……渐渐地发现精神充沛、效率提高。

活得简单，是一种智慧。不论对于自己，还是对于子女，学会这种智慧，女人才能活得优雅从容。

容易相处的
女人注定命苦

我们这代人从小所受的教育是要做一个好姑娘。好姑娘的标准是什么呢？——好性情，好人缘，好相处。简而言之，你要做一个所有人喜欢的姑娘。

我为此努力过，也试着对所有喜欢的、不喜欢的人微笑，遇见对自己不公平的事情，也尽量说服自己忍耐、接受。有时候会觉得自己的性格很像《乱世佳人》中刚出场时的斯嘉丽，虽然心里长满了要强和叛逆，但表面上还要装出妈妈所要求的那种乖巧温顺。有时候聊起来，发现很多同龄的姐妹都有类似的想法。

直到有一年的体检，一位相识的姐妹查出了恶性肿瘤，我们都特别遗憾，这位姐妹性情可以说极好，温柔懂事识大体，家里家外都照顾得妥妥帖帖，我从没听任何人说过关于她的错处，可见这人缘得有多好。

就在我们为她痛惜的时候，她却来跟我们道别，说要出门旅行了。我第一反应觉得她是疯了，有病不去医院治病，出门旅什么行啊？

她说：“我这一辈子的目标就是做个好太太、好妈妈、好女人，我从来没在老公、儿子睡觉之前休息过，仅有的休息日里，也是老公、孩子想去哪儿我也跟着他们去哪儿。老公、孩子在家的时候我从不出门，专心照顾他们。感觉结婚二十年，我从来没有为自己活过。如今得了这个病，我倒觉得解脱了，今后可以为自己活几年了。”

这几句话捶在我们心上，说到了我们这一代女人的痛点。

2017年有一则关于女性健康的数据调查：在我国，70%的城市女性癌症患者，属于所谓的“好女人”。她们生活严谨，脾气温顺，有良好的生活习惯，不抽烟不喝酒，跟谁都能相处得特别好，但就是这些女人，偏偏最易被癌症盯上。她们的性格特点是特别爱较真儿，工作压力较大，十分克制，不懂得如何释放和转化压力。

专家还给出了一份名单，分别列出了不同性格者最易被什么癌细胞找上门。

完美主义者爱患胃癌、胰腺癌：女性群体中，精神压力大导致的功能性消化不良占绝大多数，豁达的心胸，愉悦的心情，是癌细胞的“天敌”，心里爱较真儿，过于追求完美的人，患胃癌与胰腺癌的较多。

老好人爱患乳腺癌、卵巢癌、胃癌：无法排解的悲哀与乳腺癌关系密切，过分谨慎、回避冲突、委曲求全的女人最容易得的疾病是乳腺癌，其次是肺癌、胃癌，还有卵巢癌等。那些特别在意别人眼光、总是渴望拥有好人缘的女人，往往喜欢压抑自己的真实情绪，过去我们都是“咬碎了牙要往肚里咽”是女性坚强的表现，现在看来这就是致癌的源头了。

勤俭持家的女人爱患肺癌：虽然每个男人都希望老婆能够“上得厅堂，下得厨房”，但女性长期接触高温油烟，患肺癌的危险性增加了2～3倍。在非吸烟女性肺癌危险因素中，超过60%的女性长期接触厨房油烟，在通风系统差、燃烧效能低的环境中，高温煎、烤、油炸做饭一小时，相当于吸了半包烟。

女强人爱患多种癌症：久坐不动、熬夜赶工、缺少睡眠、饮食不规律、工作压力大……这种状态下的女人任何疾病都容易找上门来。

看完这则数据，我也是沉默了良久，开始反思自己之前的生活状态。那是我第一次有意识地思考：难道做一个好相处的女人，真的是福气吗？

答案是否定的。

我所看到的身边的悲剧故事，都是因为一个女人过度的善良和忍让所造就的，那些别人眼中自我乃至有点自私的女人，相反倒活得日益精彩。渐渐地我就开始明白，其实那不叫自私，而是不肯顺从规则，她们内心有着强烈的主见，敢于实现自己来到这个世界上的梦想。就像《乱世佳人》中的斯嘉丽，我们也显然更喜欢后半段的她，独立、务实、充满了企图心，这样的女人才有能力驾驭梦想。

于是，我觉得做一个不好相处的女人也挺好。至少，不好相处的女人有这些优点。

“不讨喜”的女人更自信。传统要求女人温顺乖巧，男权社会下，女人在经济和精神上都不是独立的，一切要依靠男人生活，讨人喜欢就显得格外重要。现在男女同样创造经济收入，已经不存在所谓的依附关系。那些性格“不讨喜”的女人，更是压根儿就没想过要靠男人生活，她们有赚钱的能力，自己活得开心，不需要刻意讨好，她已经足够优秀，这样的女人性格中所有的棱角都写满了“自信”，其实这也是一种更独立的魅力。

不好相处的女人往往爱憎分明。有主见的女人通常性格都不会太讨喜，她们爱憎分明，绝不跟三观不合的人浪费感情。她明白自己想要的是什么，不会被男人几句甜言蜜语骗得神魂颠倒，她们遇到渣男的可能性很低，因为她们脑袋里装满了理性。不好相处的女人恰恰特别坚守原则，只有真正深爱的男人才会让她打开心扉，除此之外，绝不暧昧。能娶到这样的女人其实是福气，绝不会在婚后给老公惹麻烦，当然，前提是老公也必须忠贞无二。

不好相处是因为不愿矫情。细细观察，有些性格讨喜的女人其实挺矫情的，为了讨人喜欢不惜把自己扮演成特别感性的形象，以增加女性魅力，相处久了，挺让人腻歪。那些不怎么在乎别人看法的女人则不然，她只做自己，不矫情不做作，怎么率真怎么来，所有的心思都写在脸上，跟这样的人相处，反而更容易。

我们现在的社会，耗费在人际关系上的时间成本太高了，也想着静下心来看点书学点东西，但人情往来东邀西约，又不忍心推辞，其实这些并不重要的约会把自己宝贵的提升时间大幅度占用了。现在发现，越是那些不扎堆的女人往往进步速度越快，不把时间用来维系交情应酬朋友，只埋头做自己的事情，你说她不好相处也罢，不通世故也好，反正几年之后，她们上升的速度是那些天天应酬人的人追不上的。

何必为了讨个好名声而浪费自己的生命？！

把时间用在学习、工作、休息、扮靓和照顾自己上面，若干年后，才是真正的赢家！

我现在有了很深的体会：一个女人的成熟，不在于她拥有了多少财富，在于她肯给自己做减法。不论生活还是工作，删繁就简，刨除那些不必要的往来，专心做自己。也许外人眼里她们不太好相处，但她们的内心，如兰绽放，自有芬芳。

越是好人缘的女人活得越是辛苦，为了维持所有人的认可，你必须持续不断的去努力。有时候想想，别人并不能替我们幸福与苦痛，我们又何必去在意他人？

自信的女人不逢迎，成熟的女人不跟随。女人的福气是找到自己，成就自己，至于别人的肯定与赞美，其实真的没那么重要。

生活对你所有的敬意

“你呀，每天早上九点出门，夜里十二点才回家。一天忙到晚，顾不上家，老公、婆家就没意见吗？”

某一次，身边一位闺蜜善意的来提醒我，要我“多顾家”。

是的，她的好意我深为感谢。但在这个时代里，女人的贤惠和婆家的赞赏，两者之间早已不能简单地划等号了。

记得之前看过这样一个故事：某婆婆的两个儿子都已成家立业。大儿媳是一家公司的部门经理，薪水颇高，娘家父母都是公务员，待遇也不错。大儿媳家里有三套住房，娘家在她结婚时，陪嫁了一套宽敞的三居室。婆婆一看这情形，把家里所有的存款拿出来给儿子买了辆十几万的车，并且包下了县城里最好的酒店大摆宴席。小儿媳则不同，出身农村，学历不高，工作也只是临时的，薪水微薄。结婚时婆婆一句“算了吧，别办了”，就打发了过去。草草将就的婚礼过后，小儿子和儿媳跟公婆一起挤住在农村的小院里，婆家连新房都没给重新粉刷一遍。婚后的小儿媳十分能干，家里所有活都包了，不用婆婆费一点儿心。而大儿子和大儿媳一家生活在城里，一年能回来一次看看就算不错了，更别说在婆婆面前尽孝。可这位婆婆，逢人就夸大儿媳的好，又是怎么能干又是怎么优秀，天天尽孝在侧的小儿媳，却经常被婆婆人前数落“啥活儿也干不好！勤快有什么用？就是笨！”

后来婆家拆迁，分了四套房，公婆的分配方案是：给大儿子大儿媳两套，自己住一套，小儿子一家住一套。小儿子小儿媳当时就委屈上了：明明是自己尽孝最多，怎么反而不如总不见面的大哥大嫂呢？

听了这个故事，你有没有想明白些什么？女人与其把时间和精力都用在贤良淑德讨婆家欢心上，真不如自私一点，把自己经营得风生水起。毕竟，如今大家的婚姻观越来越现实，一个女人能够在婚姻中获得尊重的，绝不是你的奉献和牺牲，而是你切切实实永远的资本！

这个资本不仅仅只是钱财，更是生活能力，不论处于何种状态下，都能妥善生活的智慧。但生活中很多曾经那么优秀的女人，傻傻地放弃了这种智慧。

曾经流行的一种观念是“干得好不如嫁得好”，无数女人把“嫁个好老公”当成人生目标。更有甚者，已婚女不论自身条件如何，完全瞧不起单身的职场女精英，她们可能被孩子折磨得疲惫，又被老公忽略得寒心，可到了其他单身姐妹面前，依旧是趾高气扬，“女人嫁不出去，工作再优秀又有什么用？”

在一份女性调查报告中，我很欣喜地看到了变化：在被访对象中，只有不到5%的女性认为“嫁个好老公”是成功的标志，剩下的95%以上女性认为，女人要有自己为之努力的事业，以及自我愉悦的能力，这才是所谓的成功。

时代真的不同了，如今已经进入“她时代”，这意味着不仅女人对自己的要求提高了，更标志着社会对于女人的要求也提高了。

我身边很多全职在家的姐妹，总有一种“牺牲小我成全大家”的心态，她们总觉得自己放弃了事业的发展，一心照顾孩子和老公，就一定能换来家人的感恩，事实可能并非如此。

前段时间的一则新闻中说，一位中学生在作文里写“我的妈妈是位全职主妇，她每天的工作就是买菜做饭，收拾屋子，看各种脑残剧以及唠叨我和老爸。因为很早就离开了职场，妈妈也很难再融入社会，但她却口口声声说这都是为了我们所做出的牺牲。她既无法再度走上社会，又不甘心在家里做一辈子家庭妇女，因此她每天都活得很不开心，各种家务也都是敷衍了事，做的饭也超级难吃。我和爸爸每天的必修课就是被她各种唠叨抱怨。我多羡慕同学们的妈妈啊，她们有的是职场精英，有的会画画唱歌，每次见到她们都是一脸温暖的笑容……只有我的妈妈，是个哀怨的妇女。”

同样身为母亲，这篇作文看得我心里一惊：如果一个女人活得连自己的孩子都看不起，这真是莫大的悲哀！

回想那些口口声声以“贤惠”为生活准则的女人，真是替她们深感不值：当她们一天天在贬值，她们渴望的爱的尊重，也就一天天在流逝。

这并不是鼓吹所谓的“势利心”，而是女人的尊严，一定要靠自己的努力获得。你可以是全职妈妈，但请不要忘记提升自己，你可以把更多时间留给家庭，也一定不要忘记花心思保养自己。只有你越来越美好，你的家人才会用美好的态度来对待你！取悦自己的女人，注定能温暖到他人。——这就是所谓的内心能量。

陈道明的妻子杜宪从央视退休后，也曾打算在家做全职太太，陈道明跟太太说：“咱俩的积蓄虽然足够生活，我还是希望你能有自己的事儿做。你还年轻，只待在家里，时间长了与社会隔绝，我们之间的共同语言会减少，你的心态也会失衡。”

因为这段话，我对陈道明肃然起敬！这才是身为一个丈夫，对妻子最负责任的爱！

我总觉得，人这一生，最怕“钱够花了”这四个字。这四个字可以消磨掉一个人向上的动力，而人一旦失去了向上的动力，其价值也就渐渐消耗光了。

我一直教育女儿：“不论父母给你留了多少财产，你都要有自己的努力和上进心。因为这才能保障你的一生不沉沦！”

女人这一生，所有的尊重，都不是委曲求全换来的，更不是无缘无故天赐的。只有靠你的能力，你对自我的从不放弃，才能赢得世界对你不变的敬意!

精神丰富的女人无需艳遇

英国女作家多丽丝·莱辛在《十九号房间》写过这样一个故事：一对别人眼中的恩爱夫妻，家庭和睦，衣食无忧，一切都合乎世俗眼中幸福的标准。突然某天，妻子提出想要拥有一间属于自己的房间，丈夫便给妻子收拾了一间做她的起居室，没多久，孩子丈夫便在那房间里出出进进，她的个人空间很快变成了家里的另一个客厅。妻子心中不快，于是找到了一家廉价的酒店，瞒着丈夫孩子租了一间房，偶尔她会一个人去那里待上几个小时，其实也不做什么，就是一个人在发呆的过程中也能感知到巨大的幸福。后来丈夫发现了她的秘密，在丈夫的追问之下，她却撒谎说自己出轨了。她没有说出真相，因为她明白，即便说了，丈夫也不会理解。

这个故事让我等四十岁左右的女人看得心酸，我们渐渐地被岁月赋予了各种身份：母亲、妻子、女儿、儿媳……却唯独不再是自己。

身边很多妈妈都感慨：一天中最快乐的时间就是把孩子、老公都哄睡了，那一丁点挤出来的时间里，可以看几页自己喜欢的书，刷几分钟自己喜欢的剧，虽然忙碌了一天已经困倦到不行，还是不舍得睡去，怕一觉醒来，面对的又将是一大摊子的家务事。

刘若英在一次采访中说自己是个“自私的女人”，当被孩子、家务、工作搞得焦头烂额时，她会毫不犹豫丢下烂摊子，一走了之。几个小时后，再回家时会淡淡地对先生说：“我今天有点不开心，不过已经没事了。”其实她只是跑去一间隐蔽的书吧或是咖啡厅喘口气，给自己一点点可以独处的时间。在她看来，拥有和自己坏情绪独处的能力可以避免很多家庭纠纷。“我不能没有独处的时间，也不能没有一个人喘息的片刻。在那个时刻，我可以什么都不想，也不再替别人着想。”

我很赞同她的说法。荣庄的客人中，很多也是抱着想在繁重的家庭生活之外寻找一点独立空间的想法来的。在这里，她们可以有足够的空间和时间做自己，大多数的项目，都是需要在足够静心的状态下才能完成的。所以我经常说，荣庄可以给予女人“刚刚好的空间”。

来荣庄的姐妹，通常会爱上这几样：古琴、篆香、打坐。恰巧，这几样也是我的心头好。

琴音使女人超然。不仅荣庄，我的养生餐厅里，随处都有古琴的陈设。我偏爱古琴，它能静心、正心。古人云：“琴者，禁也。禁止于邪，以正人心。”在儒家的思想中，古琴是禁淫邪、正人心的雅乐。《琴诀》讲：“琴为之乐，可以观风教，可以摄心魄，可以辨喜怒，可以悦情思，可以静神虑，可以壮胆勇，可以绝尘俗，可以格鬼神，此琴之善者也。”

古琴对于女子而言，还有更深的姻缘寓意。《诗经》中记载：“宜言饮酒，与子偕老。琴瑟在御，莫不静好。”与你共同举杯，与你白头偕老，弹奏琴瑟增加酒兴，这就是所谓的岁月静好。以琴瑟寓之婚姻，想来这是女人一生最渴望的幸福理想。

除此之外，它还是一项有仪式感的活动。《红楼梦》中黛玉弹琴前讲：“若要抚琴，必择静室高斋，或在层楼的上头，在林石的里面。或是山巅上，或是水涯上。再遇着那天地清和的时候，风清月朗，焚香静坐，心不外想……若必要抚琴，先须衣冠整齐，或鹤氅，或深衣，要如古人的像表，那才能称圣人之器，然后盥了手，焚上香。”——以黛玉之清雅才情，最配古琴，也最懂古琴所蕴含的仪式感。

会所里有位姐妹，只学一次便疯狂地爱上了古琴，回到家没完没了地练习，练到深夜也不肯停，出差三五天也要背着上飞机，不到一周指尖就磨起了茧子。老公孩子都说她疯魔了，她跟我们聊起弹琴的感受时却感动得眼泪汪汪：“我从来没有过这样独处的时间，在弹琴的过程中，只有琴弦，只有音乐，此时一切生活的琐事都不存在了，只有我和天空大地独处。”我深深理解她的感受，同样作为四十岁的女人，可以名正言顺争取一点属于自己的时间和空间，却又要用不枯燥的形式来承载它，古琴确实是不错的选择。

女人需要适度清空自己，在芜杂的生活里，定时清空是一种最好的排毒方式，不懂清空自己的女人，又何谈补充新的能量？清幽的琴音，是天地心三者融合的过程，在这期间，除了自己遨游于天地，不再有任何的杂念。一曲终了，心静如潭。——这种感受，我深爱不已。

琴音之外，我也爱香。

篆香使女人专注。熟悉我的人都知道，我从不用香水。大概是天然萃取的植物精油闻惯了，对香气格外挑剔，不论多么大牌的香水，一鼻子闻上去，总有一股化学香精勾兑的味道。我喜欢自然芬芳的味道，会选择在腕间点一滴玫瑰或是沉香木精油，随着体温与脉搏的蒸腾，慢慢感受那种花园或是森林的纯净气息。

平素，我喜欢篆香。荣庄专门设有篆香课，不少姐妹和我一样，深爱此道。制香历来是文人雅士的癖爱，如今的制香过程已经简单多了，可以直接买来香料研磨调配。真正讲究的制香人会根据不同香材的属性在不同时间采摘，我也曾经在端午节这一天清晨的露水未消时去采些艾叶，此时的艾草是一年中阳气最足的，可以给人体提供更多的阳性能量。檀香需炒，沉香熏蒸，这些琐细的工夫不是我有时间一一践行的，但我会鼓励荣庄的姐妹们如有时间可以自己尝试着去做。实在时间有限，也可以直接拿现成的香粉来和我们一起篆香。看似是简单的一个添粉、压香的过程，却极其雕琢心性。熏香对女人不仅是气味的愉悦，还是一种健康的养护。檀香木通气解郁，迷迭香活化脑细胞，绿茶香能抗菌消炎，广藿香开胃止呕，白麝香消除紧张……很多忙于家庭或事业的姐妹总说："一进荣庄，不自觉地就能放松下来，心好像就不乱了，连说话的气息都稳当了。好像这里是有魔力的。"——所谓的魔力，也不过就是焚香的诀窍吧。

之所以喜欢焚香篆香，是因为这是独属于一个人的享受。在这个过程中，必须精力集中，不能有一丝杂念，才能体会出细微味道的差别。女人因为专注而高贵。到了一定年纪，最大的体会是注意力越来越难集中，想做一件事情，却怎么也难提起全部的心力。每天操心的杂事太多，乱了女人的心神。在篆香时一直保持不言不语、不怒不喜的状态，手机丢在一旁，谁人都不许打扰，这一刻全部的意念都集中在指间、鼻间、眼间。每每结束这样的一个过程后，我都如经历了一场精神按摩般酣畅淋漓。是的，专注是一种最好的休憩，对于每一个忙碌的女人而言，在这个独处的空间里，只专注于这一件事，其实一种最巨大的愉悦，如同饱睡了一觉后，再回到尘世间，耳清目明，有喜悦感由心底生。

当然，还有打坐，也是女人离不了的必修课程。

打坐使女人深刻，我一直这样认为。

我偏爱蒲草编成的圆坐，在荣庄，随处可见。在抄经室里，在茶艺室里，在琴室里，可以让你随时随地在这样安静的环境中打坐下来，沉思下来。越是人到中年的女人，往往越有一种思维上的危机感，总觉得自己的一切在落后，思维能力、创新能力、接受新事物的能力统统在下降，我曾经也深感困扰，直到我找到了解决的办法——打坐。

别小看只是安安静静的盘腿闭目，在这静态的过程中，思想的世界却在无限扩张，似乎此时的脑袋里张开了一双眼睛，会观察到无限大的疆域，当睁着眼睛时我们只看到了真实的世界，闭上眼睛，却观到了天地人的万象丛生。这是一个可以让思想深刻起来的过程，也是很多事业女人渴望独立空间、去自我修炼的终极目标。

禅宗必修打坐，可养心性、炼意志。西藏有句禅语："禅定什么都不是，禅定只是熟习而已。"换言之，禅定只不过学着去熟习禅定的修行而已。常言道："禅定不是苦求，而是自然融入。"很多姐妹一开始坐不住，五分钟便觉枯燥无味，当你彻底静下心来，只用意识、用脑海去了悟生命，会发现这个打坐的过程奇妙无比。

……

身为女人，同样是上有老下有小中间有事业，我深知女人做自己的重要性。我听说过一句话："评判一个女人的成功与否，不是看她的事业做得有多大，而是看她每天能给自己留出多少时间。”——成功的女人，会安排足够的时间来完成自己，实现自己。在独处的空间里，她会洗涤自己所有的杂质和尘埃，这样的女人才有随时清朗的心情，可以带给家人真正的幸福。

法国女演员于佩尔也曾说：“精神世界丰富的人，不需要婚姻，连艳遇都不需要。”

是啊，看到那么多男人女人的出轨，只是为了寻找一点精神上的刺激感，真觉得太不值了。一个只懂得沉迷于情欲的女人，活得该有多无趣。我们要给自己空间，并且懂得如何给自己营造空间，这不是一件简单的事，这也是我在摸索了若干年后，才悟出的一点点人生智慧……

"4rong女性提升法"第二则

容她说：魅力是一种态度

作为女人，我们不仅仅要美，更要雅。
职场中，美而优雅可以为女人赢得更高的薪金。
情场中，美而优雅可以为女人赢得更多的追求。

容，指相貌容颜，又有仪态之意。

身为女人，就必须学习这门功课。

我始终认为，对于美的修炼，是女人获得幸福的必修课。

东汉著名的文学家、史学家蔡邕，堪称史上难能可贵的好爸爸，对于女儿的爱，流传于后世的史书中。蔡邕曾给女儿写过一篇文章，表达了作为父亲对于女儿的殷切教导，这就是闻名于后世的《女训》。

“心犹首面也，是以甚致饰焉。面一旦不修，则尘垢秽之；心一朝不思善，则邪入之。咸知饰其面，不修其心，惑矣。夫面之不饰，愚者谓之丑。心之不修，贤者谓之恶。愚者谓之丑犹可，贤者谓之恶，将何容焉？故览照拭面，则思其心之洁也；傅脂，则思其心之和也；加粉，则思其心之鲜也；泽发，则思其心之润也；用栉，则思其心之理也；立髻，则思其心之正也；摄鬓，则思其心之整也。”

《女训》的主旨，其实就是四个字：内外兼修。

蔡邕的大致意思是说：女人的心灵和脸面一样重要。脸一天不洗就会污垢满面，心灵一天不向善，坏的念头就会乘虚而入。如果人的脸面不修饰，大家会认为你丑陋，心灵不向善，有德才的人就认为你太丑恶。女人在修饰面孔美丽的同时，要考虑自己心灵的美好与纯洁，做到真正的外貌和内心的双重美丽。

作为父亲，蔡邕要求女儿在注重外表修饰的同时，也要加强内在修养。毫无疑问，正是严格的家训，让蔡邕的女儿蔡文姬成为东汉时期伟大的文学家、音乐家，也成了流芳千古的才女典范。

我也是有女儿的人，也会要求女儿去细读《女训》。名门望族的教女智慧，都蕴含在了这短短的一篇文字中。

对于美，我始终是挑剔且执拗的。我不能接受那些空有一副美丽皮囊却举止粗俗的行为，也遗憾于那些品行高尚却不修边幅的女子。古人极其重视内外双重修炼，对女人最高的评价是“秀外慧中”，对此我深表认同。

在每一个时代，美丽都是女人的敲门砖，面对一张美而俏的面庞，谁都会不自觉地仰起温柔的微笑，而内在的高贵则能让人留住念想。

作为女人，我们不仅仅要美，更要雅。

职场中，美而优雅可以为女人赢得更高的薪金。

情场中，美而优雅可以为女人赢得更多的追求。

是的，美貌如此重要。以至于爱慕一切美丽事物的我，一直想要研究如何让女人身上的美，保持得久一点，再久一点。

幸而，我们生在一个科技发达的时代，有了很多种保鲜美丽的办法。也幸而，我们有蔡邕这样的好父亲，可以传递给世世代代女儿们做优雅女人的智慧。

科技的进步可以帮助我们获得更持久的青春，善良和品德，可以让我们获得一生的优雅。

女人的容貌，需要经营

东华禅寺的万行大和尚讲过一个故事。

一位施主问上师："师傅，男人找老婆应该找什么相貌的呢？怎么能从长相上就看出这个女人能否做个好老婆呢？"

上师答："相貌珠圆玉润的女人最好，通常这样的女人宜家宜室。"

施主不解："为什么呢？现在不是以骨感为美吗？"

上师说："五官匀称的女人在生理和心理上都比较和谐，不太走极端。五官对应我们的五脏，五脏是五种能量，五种能量均衡了，我们的五官就匀称，心态就平衡，思维就正面。模具匀称，出来的产品就匀称。容貌和体型也是一个人内在修养的折射。"

……

对于这段话，我深感认同。我自身就有着一段难忘的经历。

2005年刚生完女儿的我重新回归职场，当时与一位多年不见的老友重逢，他一见我大吃一惊："这些年你变化也太大了吧！除了牙齿，其他地方真是一点从前的影子也没有啊！"

我瞬间尴尬得起了一层汗珠。

年轻时的我也算是清秀佳人，五官精致纤巧，身材匀称苗条，有着南方女孩的灵秀，也算美女一枚，很多身边的闺蜜羡慕我好肤色，好身材。但多年的辛苦创业加上生孩子带孩子，脸上萎黄无华，脸颊凹陷无肉，身材也瘦到脱形……现在翻翻十年前自己的照片，都觉得那是一个五六十岁枯萎老妪的模样。

老朋友的会面给我打击很大。作为一个忙碌的女人，你的衰老自己是发现不了的，每天的重心都放在了老公、孩子、家庭上面，你根本没时间关注自己。即便每天洗脸照镜子，也只是匆匆一瞥而过，想想那段时间，我几乎没有仔细端详过镜子里的自己。

也是老友的这番话，第一次让我开始在镜子前长时间审视自己，也开始发愁于自己未老先衰的容颜。连身边一位医学博士都说："你这是确定无疑的早衰表现了。"

从那之后，我才真正开始意识到了自己的相貌问题，也渐渐读懂了别人眼神中看我时的惋惜：曾经那样清秀温润的女孩，如今不到四十岁便已经提前步入了"老态"。

行动力超强的我，当然不甘心就这样被宣告了"青春"死刑！之后我做了面部太阳穴和印堂的填充，一张脸又重新找回了曾经的丰润。回想自己这十年里开了挂的人生，我不否认这离不开自己努力、眼光、意志力，但私下也总有一种隐隐约约的想法：我的相貌起到了强大的助力作用。

其实这也并不难理解，从科学的角度看，一个女人想要征战一番事业，离不开强大的自信心。女人的自信力最直接的来源，就是形象气质上的优势。因此，我多年来所从事的是帮助女性提升魅力的行业，更深知外表的竞争力对于女人意味着什么。社会对于男人的首要评价，在于他的能力，而对于女人，则是相貌。这是个共有的现象，不论一个女人成功与否，大家首先会盯着她的脸看，从古至今，社会始终对于女人有美的要求。

因由形象上的改善，我重新找到了往日的自信。这股自信，产生了强大的连锁反应，从事业到婚姻，给了我强大的安全感。

人的五官与心境息息相关，心态平和之人，五官也会圆润匀称，这就会使得人所释放出来的磁场变得柔和。五官不匀称，是内在的能量不平衡。五官匀称，则内在能量平衡。一个身心平衡的人，做事会稳重踏实，权衡各方面的利弊，考虑他人的需要。

如果一个人的性格比较极端，就会干扰到家人心境，家人也会随之跟着极端起来。其实他也并不是刻意想去搅乱别人，但是体内有一股力量，逼迫他去搅扰。我们经常说的“你是什么样子，就会吸引到什么样的人”，大抵就是这个道理，人与人之间的磁场，真的是互相流动的。

我在招聘员工时，也会注意他们的相貌，长时间共处的团队伙伴，首先要合眼缘，然后才能够彼此信赖和协作。这不是迷信思想，也不是外貌协会，从西方心理学角度看，也能找到其理论依据。

爱美是普遍人性，男性对于女性的外在美就更具有要求。这绝不是单纯的“好色”，而是对于繁衍的一种本能需求。

男人都喜欢皮肤光洁的女人，除了美观之外，更重要的是，光洁的皮肤传递给人的是一种健康的信号，意味着这个女人年轻、有活力。心理学发现，人们对于皮肤光洁白净的人，有一种本能的评价——他（她）更加善良。这就是为什么白雪公主毫无来由的就讨人怜爱，《巴黎圣母院》丑陋的敲钟人卡西莫多那么善良痴情还是被嫌弃。你可以说这种先入为主的相貌认知不够客观，但它确实又存在于我们每一个人的内心。

人对于美的需求，是一种本能的人性。女人千万不要相信那些所谓“外表美丽不重要、心灵美丽才重要”的毒鸡汤，身为一个过来人，我太能体会相貌的改观给我生活所带来的巨大变化。

我身边有位很优秀的男性朋友，找女朋友的唯一标准就是“漂亮”。大家都嘲笑他太肤浅，太好色。他却说：“你们以为一个女人漂亮是件容易的事吗？我从不相信一个女人如果不上进不自律不节制欲望，会一直漂亮下去。为了维持美丽，这背后所付出的努力，就是一种值得尊重的品质。”

真的好有道理。任何一种毫不费力的美丽，都不可能美得长久。如果你希望三十岁后依然是女神，就请跟我一样，好好经营自己的容貌吧。

向颜值致敬的时代

每个女人大概都有这样的体会：兴致勃勃地去买了一件很喜欢的衣服，回到家在老公面前一展示，他嗤之以鼻，“这什么衣服啊，你就不能买件好看的吗？”然后双方一顿抢白，最后女人不得不定论——男人都是没品位的动物！

这是个有意思的现象：男人和女人在审美上有着巨大的差异，女人喜欢的美女和男人喜欢的美女，往往不是同一个概念。女人喜欢周迅、孙俪、刘诗诗等气质女星，男人都爱范冰冰、李冰冰、柳岩等娇艳美人脸。关于审美的话题，如果让男人女人自由辩论，恐怕一百年也辩不出个所以然。

关于五官的美丑，人人都有不同的态度。说到普适大众的审美标准，不论男人还是女人，都遵循着一定规律。不论从古至今，还是从国内说到国际，通常大家对于美的标准，都有这样的共识。

皮肤

诗经《卫风·硕人》是一首写美人的诗，描写齐国美女庄姜出嫁卫庄公的盛况，最著名的几句是写庄姜的美貌："手如柔荑，肤如凝脂，领如蝤蛴，齿如瓠犀，螓首蛾眉，巧笑倩兮，美目盼兮。"

意思是说，庄姜的手指柔软细白如嫩芽，皮肤光洁细滑如脂膏。蝤蛴是天牛幼虫，白而长，庄姜的脖子如蝤蛴一样雪白，她的牙齿又白又齐，好像瓜子一粒粒，眉如月，眼如波。勾嘴一笑，风情万种。

古诗文中写美人，这几乎是最高境界了。这几句流传至今，依然是后世赞颂女子美貌的最高标准。这庄姜最美的地方，其实就是皮肤，细白柔嫩，完全符合我们经常说的"一白遮百丑"的标准。有个很深的感受，通常皮肤好的人，会受到更多的喜欢。那些一脸青春痘或是斑点的人，至少在爱情上不太顺心。从心理角度看，大家会认为，光洁的皮肤标志着年轻、健康，暗黄枯萎或苍白无光的肤色，让人觉得是患病或衰老的特征。一般来说，干净健康的人总是第一魅力要素。

肤质是整个社会非常重要的审美标准，光洁的皮肤通常表明这个女人更可能拥有优质基因，皮肤质量和面孔吸引力之间有着密切的关系。不难理解为什么国民女神范冰冰随时随地都在敷面膜了，不论飞机上还是赶去片场的途中，经常看到她敷着面膜的照片登上娱乐头条，可见好底子也得靠保养。女人把皮肤管理好了，通常容貌之美，就提升了很大一个高度了。

头发

年轻姑娘对于头发大概没有太多特别的爱，经常看到一些女孩子今天染成红的，明天焗成紫的，头发枯草一般也不在意，说剪就剪个板寸。我都常常替她们心疼。

随着女人年纪渐长，尤其三十五岁之后，落发开始多了，光泽也不如从前了，这时候才恍然惊悟：原来头发的美，是面庞身材都无法取代的。

古代女人尤其重视头发，女子定亲之后，会用丝带束发，表示已有归宿，直到新婚夜由新郎解下系带。现代人总把这个“解缨”的仪式视为女性为男子守身、守节的封建思想，换个角度想想，只有最亲密的人，才能解开自己的头发，触碰最私密的地方，也是一种浪漫。正因为头发在传统文化中的重要性，才成了评判美丽的另外一个重要标准。古人从不随便剪发，理发必挑黄道吉日，剪下来的头发收藏起来或是焚毁，以示对祖宗的尊重。清代的《隔帘花影》一书中曾记载了一个故事，某位人妻发现老公在外面有了女人，带上仆人把“小三”抓回府中，剥光了小三的衣服，拔光了小三的头发，最后又亲自用马鞭将小三活活打死。虽然小三可气，但这位夫人也真是够狠，剥光了衣服、拔光了头发活活打死，这是对一个女人最大的侮辱，拔光了头发，不仅仅是尊严上的侮辱，更是对女人容貌上的摧毁！这就可见头发在人们心目中的重要性了。

从现代审美来看，女性头发的长度和发质标志着年轻和健康。年轻女子通常比年长女子头发更长、发质更好。在男人心目中，一头浓密的头发，会让女人的面孔看起来更年轻、更有魅力。每每看到一些类似于“九零后都开始脱发了”的帖子都会觉得很遗憾，不论男人女人，一定不要在护发上省工夫，能够好好保养自己的一头秀发，真的是魅力的加分项。

面孔对称性

美，没有一定的标准，环肥燕瘦，各有所爱，但男人往往会更喜欢“女性化的面孔”。

什么是“女性化的面孔”呢？

它是指一个女人大眼睛、尖下巴、高颧骨、唇丰满、嘴巴和颚骨的距离短。

“女性化的面孔”不仅仅只是一种审美需要，它还意味着女人的雌性激素和卵巢激素水平更高，这是具有旺盛生育力的面相。

除此之外，人们评判一张脸是不是够漂亮，最重要的一个标准是，这张脸是不是足够对称。曾有美容专家说过章子怡的脸具有非常标准的美，除了杏核眼尖下巴之外，更重要的是她的左脸和右脸几乎是完全对称的。“对称性”意味着生物体发育比较稳定，还能够更强地抵御环境侵害，所以大家会认为这种面孔更加有魅力。有研究者曾经开发了一种人脸合成技术，就是把许多张面孔叠加在一起创造出新的面孔，后来发现，合成的平均脸比其他的原始面孔更具吸引力。我们每个人生来都或多或少有不同程度上的左右脸不统一，化妆师最大的任务其实是要把你的左右脸装扮得平均，这才是更耐看的面孔。

虽然我们生活在一个对容貌越来越包容的时代，但人的审美是固有的习惯，十二个月大的婴儿就已经会挑选玩具了，他们会更喜欢漂亮的玩具娃娃。也就是说，审美标准几乎不需要训练，就成了我们生活的一部分。

我当然喜欢内在丰富的女人，但就像那句话说的一样：“女人是一本书，如果封面不够吸引人，也不会有人想去翻看了。”

女人最理想的美，是内外兼修。当你获得了外在的魅力，那种自信的光芒会伴随左右，照亮一生。

这就是为什么美女总是更有好运气的原因了。

看脸的时代，必要向颜值致敬！

男人最大的谎言：我喜欢素颜女

如今西式潮流盛行，小孩子重英文胜过作文，电影要看好莱坞，听歌要听美国乡村民谣，餐饭也要西式的。但我始终教育女儿要多多学习中国传统文化，几千年融汇至今的历史，才真正能滋养神魂。不过女儿这一代孩子并不能够完全理解，有时候她对我的说法也会不屑一顾。有天我在洗脸的时候又有一搭无一搭让她多看看买来的中国古文化图书，她直接怼了我一句："古代有什么好，连个洗面奶都没有。看你穿越到古代怎么活？"

我竟然"扑哧"一声笑了："谁说古代没有洗面奶的？古代有位小公主，人家就发明过洗面奶，还是纯天然、纯植物、无添加的环保型洗面奶呢！"

她问我："哪个公主？"

"永和公主呗。"

“永和公主？永和豆浆那个永和？”

“是呀，就是那个永和公主。”

历史上著名的公主太多，飞扬跋扈的太平公主，名垂青史的文成公主，醉打金枝的升平公主……以至于把历史上最独树一帜的这位美容公主给埋没了。实在可惜。

永和公主是唐肃宗的女儿，酷爱研究皮肤保养之道，我一直认为她堪称是史上最纯粹的女人，因为她的一生，别的不爱，就只爱研究如何让女人变得更漂亮。

永和公主算是最早的美容实业家了，为了获取最优质的护肤物料，她命人开垦了二三十亩地作为原料基地，用以种植美容药材。相比于那些养尊处优的公主，永和公主可谓是很有上进心的女强人了。

古代女子每天都是要化妆的，那些铅粉胭脂很难清洗彻底，对皮肤伤害很大，所以古代女子老得快。《红楼梦》里天天化着大浓妆的王熙凤，才二十几岁的年纪就已经脸色黄黄的，这跟面部的残妆和污垢清洗不干净就有关系。永和公主研究了多年，发明了洗面粉，也就是现在洗面奶的老祖宗了。

宋代《太平圣惠方》里有记载洗面粉的配方：鸡骨香九十克，白芷、川芎、瓜蒌仁各一百五十克，皂荚三百克，大豆、赤小豆各二百五十克，研磨筛尽，去筋去皮，制成药粉。

这方子里，皂荚、豆粉、瓜蒌仁可以清洁皮肤、除角质。川芎、白芷有活血功能，还兼有美白效果。鸡骨香也叫木沉香，可祛风活络消水肿。当初我第一次看到这个配方时，特别惊讶，你别说，这永和公主还真的很有现代美容理念，知道清洁、美白、消水肿，是保养皮肤的三大基础需要。

古代女子化妆以扑粉增白为主，其实缺乏真正的护肤理念，那些有增白效果的脂粉，多是铅粉、滑石粉，甚至石膏等调制而成，具有毒性，用久了皮肤反而会变得更加暗沉。古代总说“黄脸婆”这个词，女人一过三十岁就归为徐娘老妇了，这跟落后的美容技术有一定关系。如此一看，永和公主的这个发明，确实具有超时代的意义。

历史上很多贵妇也都研究过美容的秘方，多是昂贵的药材所制，如白獭的骨髓、白猴的胎盘都曾经是宫廷宠妃的护肤秘方。太平公主酷爱一种“面药”，据说是在农历三月三采下桃花，阴干后研磨成粉，在农历七月初杀乌骨鸡取鸡血，将鸡血和桃花粉混合成糊敷到脸上，相当于如今我们用的面膜。桃花和鸡血听上去不是什么名贵的东西，但太平公主用的桃花必须是三月初三这一天的，要在冰雪里贮藏三年，其他日子的不要，鸡血必须是乌鸡血，只取前面几滴，后面的污血不要。仅制作一次用量的面药，就不知得杀多少乌骨鸡才行！这些对于普通的平民女子根本无法想象。永和公主的洗面粉价格亲民，人人都能用得起。仅凭这一点，我对这位永和公主就极有好感。

我们现在都说，追求美丽的权利人人平等。这是因为科技的进步让美丽的成本降低了，不信回到古代，在科技欠发达的时代里，美丽一定是有门槛的，一个女人如果过了三十岁还能美貌鲜艳，除了天赋异禀，就只能靠巨额的金钱堆积出来了。

为什么特别想聊永和公主的故事呢？

我始终坚持的观点是：如果一个女人对变美这件事开始抱有无所谓的态度了，这就是衰老的开始了。很遗憾，我们会看到有很多女孩子，二十多岁就开始“衰老”，心态上的衰老。

总有一类女人，她那颗爱美的心是一点一点被现实扑灭的。年轻时谁都愿貌美如花，谁都希望有一张天使般的面孔。渐渐的她们进入了更深层次的生活，结了婚有了孩子，当她把孩子扔给老公去美容院时，老公就会抱怨“三天两头往美容院跑，也不管孩子，就你那张脸，还能变成范冰冰不成？！”

她们就这样在老公日复一日的抱怨之下，渐渐放弃了自己对美的一些追求。她开始很少去美容院、敷面膜的时候也越来越少，衣服也只捡舒服的穿，她越来越少照镜子……从这时候开始，老公不再抱怨她了，她以为从此家庭安宁、幸福终老了。但没想到若干年以后，看到老公跟年轻漂亮女人的暧昧，忽然惊醒，悔不当初。

女人在追求美丽这件事上，如果太听老公的反对意见，那可以预见，这样的女人未来被甩的可能性很高。

你有自己的收入，当然有权利过自己应该过的生活。一个女人的美丽其实是不断升值的财富。不妨来算这样一笔账：二十岁时，你和同龄人一样，都拥有青春，那时候脸上的胶原蛋白根本不稀罕。四十岁时如果你的脸上还依旧饱满细嫩，那在同龄的女人中，就几乎拥有顶级的竞争力了！中间隔着的这二十年，考验的是一个女人的毅力。

是的，美丽本身就是一种毅力。

很多女人认为，保养这件事，做和不做，当下看不出太大差别，因此就有人会疏懒。我经常跟姐妹们分享“竹子定律”：我生长在南方，小时候就发现竹子在前四年，生长速度很慢，大概前四年也只会长三厘米左右，而从第五年开始，它以每天三十厘米的速度疯狂生长，仅六周的时间就能长到十五米。在前面的四年，竹子并不是静止不动的，它将根在土壤里延伸了数百平米。

女人的保养之道就跟这个竹子定律一样，效果总在十年后显现。

我喜欢像永和公主这样的女人，她是真的把美丽当做事来做，可以为了洗个脸包上几十亩地、耗费数十年时光。别总被男人那句“我喜欢素颜的女人”骗了，姑娘，他其实只是喜欢素颜也漂亮的女人。为此，你不保养和升值自己的美，终有在生活和爱情面前贬值的时候！

你的美藏在眉间

偶尔录制节目或是公司有重要活动时，我会请化妆师帮忙打理妆容，有时候一边化着妆一边就跟她们讨教化妆小技巧，女人对于变美有着与生俱来的热情。虽然每次请来的化妆师都不同，无一例外她们都会说：“一个人只要能把眉毛画好，气质立马就出来了。眉毛看似是容易打理，其实也是最难画的。”

这话我深深认同。

可能很多女性朋友和我一样，少女时期第一次尝试化妆，就是偷偷买来了眉笔，给自己涂抹两弯新月。当然，二十年后的我，依然画不好这两条眉毛。

于是荣庄新绣才如此受到姐妹们的喜欢，很多姐妹不惜坐几个小时的飞机赶来，就是为了请李正宇老师为自己打造一双秀眉。李正宇老师也是荣庄新绣的创始人，他跟我聊起当初的发心，其实跟禅意有关。李正宇老师极爱莲花，他说："所有众生相中，佛相是最好的相，你看菩萨的眉毛都是一根根很清晰、向上的、有生命力的，佛相如莲，高洁优雅莫如莲花。所以最好的纹绣，是让女人的眉间眼角，拥有如莲花般的端庄出尘。当然，能把这种莲花般的气质雕刻在女人的门脸眉庭之上，需要一种心性的锤炼和顿悟。"

这种如佛像中眉毛的雕刻艺术，就成了荣庄新绣。

古代特别强调女子眉毛之美，《诗经·硕人》有"螓首蛾眉"一句，用来形容美人。《楚辞》中则有"粉白黛黑，施芳泽只"之句。

我一直觉得画眉在中国，是一件非常雅致浪漫的事。

西汉京兆尹张敞与妻子如蜜里调油，他常为妻子把笔画眉，后人以"张敞画眉"形容夫妻恩爱。上下五千年泱泱中华，因为妻子描眉而名流千古的男人，只张敞一人，真可谓"我能想到最浪漫的事，就是为你画眉一辈子"。

提到画眉，不得不说螺子黛。前几年大火的《甄嬛传》里，有不少桥段提到了螺子黛，其名贵和稀有，非宠妃而不能得。搁到现在，估计最顶级的彩妆品牌都比不了螺子黛的名贵。

螺子黛最初由隋炀帝而来。隋炀帝生活奢靡，他宠爱的妃子吴绛仙面貌极美，尤其两道长长的蛾眉，隋炀帝深深迷恋。为了吴绛仙，隋炀帝专门赐她从波斯进口来的螺子黛画眉，这种颜料在那时还极昂贵，每颗价值十金，属稀缺资源，只吴绛仙可以享用，至于其他嫔妃，就只能用“铜黛”了。据说这个螺子黛，不用研磨，沾了水直接就可以用来画眉，画出来的眉色极好。

二十世纪八十年代江苏邗江县姚庄西汉墓出土了一件云纹彩绘漆盒黛砚，是楠木制成，这就是我们现在看到的古代女子最早的画眉盒了。古代的平民女子当然用不起螺子黛，但并不妨碍她们对于画眉的热情。可以这样说，古代女人每天最离不开的事，就是画眉。因为古代女人通常是把自己的眉毛直接剃掉，再根据流行趋势，画出心爱的眉形。汉朝流行广眉，唐朝流行短蛾眉，宋朝流行秀长眉，而电视里甄嬛的远山眉，出处则来自卓文君。史书有记载“司马相如妻文君，眉色如望远山，时人效画远山眉”，所以后人常有形容女人“眉如远山”的美称。倾国倾城的杨贵妃喜欢粗黑眉，日常“作白妆黑眉”，一时间举国上下“六宫争画黑烟眉”。这些眉形都是后天的造型。如果卸了妆，古代的女人通常是没有眉毛的。因为颜料的多样性，古人的眉色也是五花八门，有黑色、蓝色、黄色、深灰色、蔚蓝色……每个时代流行的眉色也不尽相同，想到顶着各种颜色眉毛的古代美女们，也觉得是一件挺有意思的事。当然，青黑的黛色，是流行最久的眉色。

《说文》中云：“黛，画眉石也。”

当然，能用得起画眉石的姑娘，应该都算是古代的白富美了。古时候平民女子最早用烧焦的柳枝画眉，有的也会用石墨、铜绿、碳条、染色石灰、柳条、墨汁等颜料。后来随着颜料技术的进步，就在画眉墨中加入香油、檀香、麝香等香料。《事林广记》中“画眉集香圆”一条，详细记载了用烟薰灰调入香料来制作画眉之墨的方法：“真麻油一盏，多着灯心搓紧，将油盏置器水中焚之，覆以小器，令烟凝上，随得扫下。预于三日前，用脑麝别浸少油，倾入烟内和调匀，其墨可逾漆。一法旋剪麻油灯花，用尤佳。”据后世的美容医生分析，这样调出来的画眉香墨，其中的香药成分还可以美容养肤、光润面容，且香气扑鼻，使得画眉的过程也分外享受。——难怪张敞会爱上为妻子画眉，大概是寻香而来吧。

看一些民国题材的电影，也经常会出现女性人物把火柴点燃，燃烧到木枝后熄灭，用灰烬来画眉的情景。听说那时候还有女人会把火柴燃烧的烟灰去熏瓷杯的杯底，连着烧几根后，就用杯底的黑色沉积来描眉。

正是因为历代画眉对于女人都是如此重要，很多古诗词中，才都有关于女人画眉的描写。《甄嬛传》的主题歌，也是来自于温庭筠那首《菩萨蛮》，“小山重叠金明灭，鬓云欲度香腮雪。懒起画蛾眉，弄妆梳洗迟。照花前后镜，花面交相映。新帖绣罗襦，双双金鹧鸪。”

活脱脱一个古代爱美女子的日常。

看过一个记载：两千多年来，女子流行过的眉式不下百种。

但古代女子通常是跟风式画眉，一个眉形流行起来，所有女人都照着这一个模子画。不论是涵烟眉、柳叶眉、小山眉、鸳鸯眉、愁眉、啼眉……未必是适合自己的，总之都是跟着潮流走。用李正宇老师的话来说：“如果不是适合你的气质和脸型的，再美再流行的眉型，我也不会为你做。”

每个女人都有自己独特的美，找到它，并且发扬它，这就是女人魅力的所在。我很佩服李正宇老师对于美的执着，也因此令荣庄新绣，如莲花般意境幽远。

正因为了解了几千年来女人画眉的历史，才觉得生活在今天的我们是何等的幸福。若是画眉技巧不娴熟，可以做一个荣庄新绣，每天早上洗把脸素颜出门即可自信满满。随着阅历的增长，我越来越愿意把美丽交给更专业的人士去打理，我深信，有时候他们比我更了解我自己，也因此眉眼间我越来越有了独特的韵味。

眉间见美人，每个女人都该让自己的面庞如莲绽放！

一个女人的最佳状态：才华钟无艳，容颜夏迎春

不少姐妹人到中年，开始疏忽起自己的衣着打扮、相貌容颜。她们自己有自信的理由：“这份家业是我跟老公一起创下的，论能力论实力我一点不输给他，犯不着打扮得花枝招展去取悦老公，他要敢有二心可得掂量掂量付出的代价！”

作为女强人，事业上独当一面，财运上也可谓旺夫帮夫，老公对她们自然也不敢不敬。她们的确有可骄傲的理由，但我常常跟她们讲：“男人敬你和爱你，真的不是一回事。”

我们都听过那道经典的选择题：三人行的爱情中，男人最后往往选择了更柔弱的那一个。他的理由是“你离开我也能活得好好的，她离开我就不行”。这让不少女汉子一族愤而落泪，“我独立我坚强我就活该被甩吗？！”

这是个再简单不过的感情规律：每个人都在寻找存在感，存在

感在哪里呢？——在别人对你的需要里。

这也是个辩证的命题：女人对男人的需要，可以激发出他雄性的荷尔蒙气质。男人对女人的需要，则能添点她的温柔气质。

对于女人、尤其是人到中年的女人而言，除了伴侣间的敬意之外，如何还能让老公需要你、并且如热恋般爱你呢？

请记住这一点：相貌，是爱情的通行证。——你必须妥善管理好自己的容貌。

中国有种说法叫：“有事钟无艳，无事夏迎春”。

春秋战国时期的齐国国君齐宣王娶了两位著名的老婆，一个钟无艳，一个夏迎春。一些影视剧中经常能看到他们的故事，钟无艳和夏迎春，从容貌来看，一丑一美。钟无艳又叫钟无盐，丑得惊天地泣鬼神，双眼下凹，额头像个陷下去的臼，鼻孔朝天，头秃脖粗有喉结，皮肤黑得像墨汁，身子骨架比男人还厚大，后世因此形容女人长得丑爱说“貌比无盐”。钟无艳虽丑，但有才。文韬武略，足可安邦，因此被齐宣王娶为王后。

夏迎春正好相反，容貌“天上难找，地上难寻”，怎一个美字可形容！齐宣王极爱夏迎春，夜夜相伴。

齐宣王也是个很现实的男人，钟无艳虽然丑，却能打胜仗，只要国家一遇上战乱危机了，齐宣王就可怜巴巴去求钟无盐，“我最最亲爱的老婆啊，你帮帮我吧，帮帮咱们的老百姓吧！”钟无艳二话不说，披上盔甲，立马出征。

只要一打了胜仗回来，齐宣王照样又把钟无盐丢在脑后，与夏迎春夜夜相伴红罗帐。钟无盐这个王后的功用，仅仅就是治国安邦而已。

“有事钟无艳，无事夏迎春”，典故由此而来了。

从人性角度看，完全可以理解齐宣王。男人是视觉动物，一个娇美一个丑陋，谁会不爱前者爱后者呢？钟无艳是让人敬重的女人，她是齐宣王最得力的事业伙伴，但从爱情的角度看，她却从来都一无所有。

再来看看那些把所有心思放在事业上、忽略了自己容貌的女人们。我不认为女人的美丽一定都是为了取悦男人，但美丽终归是一件让人愉悦的事情。想想每一天的清晨，站在镜子前面，你会对自己满意地微笑，这样的一天，该是多么愉快的开始。女人的成功终究是做给别人看的，只有真真实实附着在自己身上的一切，才是真正属于你的。比如才华，比如容貌。

央视曾经有一档电视节目，专家们会帮助一个个相貌普通的女孩子变美，从衣着到发型到化妆，来个一百八十度的大改造。看到她们的前后形象对比，观众们惊讶，我更是替她们遗憾：遗憾她们白白浪费了那么多年大好青春。

我对于身边的女孩子，天天耳提面命地让她们要好好打扮自己，并且把美丽当成是终身的事业。虽然我也不认为一个女人变美之后就一定不会遇到婚姻危机，但是，一个美丽的女人即便遇到了婚姻危机，她可以再做选择的余地也会更大。

不论你再怎样抱怨不公平，这个世界上，对于大多数普通女人的第一项评价，仍然是相貌。容貌对于女人的影响，一直都是微妙而且重要的。美国有个职场调查发现，同等的学历、能力、资历下，容貌更美的女性薪水会比容貌差的女性薪水高出15%左右。

你可以说看脸的时代太过肤浅。在我看来，一个女人的容貌，彰显了她的修养，一个女人的身材，代表了她的自律。我很难想象一个对自己有着高要求、对未来有着美好期待的女人会纵容自己丑陋痴肥下去，因为容颜的老去虽是自然规律，但勤快的女人会让这规律来得更慢一些。

你不够美，是因为太懒惰了。

容貌是一个人的修养，这事不分男女。美国总统林肯有一次面试一位新员工，后来没有录取那位应征者。助手问他原因，林肯说："我不喜欢他的长相！"助手很不理解："难道一个人天生长得不好看，也是他的错吗？"林肯回答："一个人三十五岁以前的脸是父母决定的，但三十五岁以后的脸是自己决定的。一个人要为自己三十五岁以后的长相负责！"

一直以来深受林肯这段话的影响。年轻时可以抱怨父母把你生得不够美，随着年龄的增长，你为自己容貌所做的努力，决定了后半生你的魅力。

不论修养还是保养，女人为容颜所做的任何一点努力都不会白费。因为，你值得被爱，而不仅仅只是被尊重。

气质是更持久的颜值

对于女人而言，气质比颜值重要！

我深深认同。

比如说到当红的女星们，女人们最羡慕的反倒不是双眼皮锥子脸，而是刘诗诗的天鹅颈、江疏影的蝴蝶背、章子怡的锁骨、倪妮的肩……这些身体的美好仪态，就是气质的体现。

有记者采访年逾七十的菲亚·罗兰，这位意大利的国宝级女神古稀之年依然性感苗条，记者问她：“您怎么可以一直保持着这么棒的身材?”

索菲亚·罗兰：“是姿势。我要求自己的背永远挺直。”

是的，气质是一个女人保存时间最长的美貌！

二十岁时谁都是水嫩嫩的一脸胶原蛋白，三十岁后，女人的差别开始大了起来。这其中，气质就成了优雅和粗俗的分水岭。气质的由来，一定需要仪态长久的积累。

中国有个成语叫“仪态大方”，形容一个人的好气质。大，指大气。方，是方正。“大”字一横一撇一捺，好似一个站姿很稳的人，可见要步态端庄。“方”代表方正，方字是一点一横一撇一个横折勾，最后的一勾是向内收的，说明女人坐下来的时候脚要内收，脚掌外撇的就不是淑女典范了。

传统女学中非常注重女人的仪态修养，古代女子都要修“妇容”，这不仅仅只是要求大家扮美容颜，更是要求女子要学会优雅的仪态。古代有一种凳子叫“坐墩”，就是一个圆鼓形的凳子，也叫鼓墩，古代女子最常坐的就是种凳子，现代人觉得没有靠背没有扶手坐着很不舒服，也恰恰如此，可以锻炼一个女人的仪态，修炼出淑女气质。

女儿进入中学后，我不止一次地提醒她：“父母只能给你漂亮的脸蛋，你的身材和气质，都是经后天的修炼得来的。不够努力的女孩不可能有高品位的形象。”

我经常给她布置“仪态修炼作业”，内容非常简单，就是“靠墙站”，但一定要做到“四点”贴紧墙面：后脑勺、双肩、臀部、脚后跟。

女儿总是嫌累，每每偷懒。当然我也理解，这个年纪的女孩子，大概还很难体会到“气质”对于一个女人的重要性。或许等她到了我这样的年纪，才能真正明白，气质是一个女人可以美丽一生的财富。

在荣庄的很多项目，有打坐、篆香、抄经、抚琴……在修养心性的同时，也都兼有仪态的修炼。很多姐妹觉得好身形等于好身材，一心都放在减肥塑身上面，总觉得瘦了就优雅了。然而好身材固然重要，可我们身边，照样有那么多身材苗条的女性却拱肩缩背姿态不雅，我专门请教过礼仪老师，最后得出结论，女人要想身姿优雅，也不过就是需要注意一些仪态细节。

比如站姿。很多形体课的老师会要求女人挺胸收腹，双腿合拢，两肩平齐，双臂自然下垂。当你站着的时候，脚尖张开约六十度，或双脚与肩同宽。这时候身体的重心最稳，身形也会看起来更挺拔优雅。

比如坐姿。古代女人坐鼓墩，是为了让自己抬头挺胸收腹，无形中达到了修炼坐姿的效果。所以我们坐下来的时候，应该是紧缩小腹，放松肌肉，最后别跷二郎腿，更不要抖脚。落座的时候如果穿的是裙子，应该用手把裙子向前捋一下再坐下，坐稳后身子一般只占座位的三分之二，两膝两脚都要并拢。现在大家买沙发都过分强调要舒服，越舒服的沙发和靠椅反倒容易让自己身体懒散。在荣庄，鼓凳、木椅到处都是，也许坐上去没那么舒适，但确实是女性修炼气质的好道具。

再比如行走。我们每天都要坐车，下车的时候先把脚以四十五度角从车门伸出，不要一开车门先把脑袋伸出来，这会给予别人不雅观的视觉感受。

还比如吃饭。我们经常会有些宴请饭局，吃完了饭女人通常都要补妆。提醒姐妹们，如果需要补口红、粉底，应该到盥洗室或无人的地方，当着他人，尤其是在饭桌上等公开场所补妆，是一种缺乏修养的行为。如果衣服上有小褶皱或是灰尘，也应该在独处时清理，如果遇到了内衣肩带滑落之类的尴尬事，一定不能在公共场合就伸手到衣服里面调整内衣。

……

这都是一些日常的基本礼仪常识，我也在平常的生活中用这些规则要求自己。你看女人每年都特别关注的“维密走秀”，每每这一场秀都能成为各大媒体的头条，也会成为女性朋友圈里刷屏的消息。其实就是因为那些维密天使们，她们优雅的步态、性感的身姿让女人看到了自己最渴望的样子。我记得今年看完维密大秀之后，还跟身边的闺蜜们探讨这些超模的步姿，大家纷纷表示要练成和她们一样的“鹤颈猫步”，你从镜子里看，我们都知道模特走的都是猫步，就是当你走路或站立时一定要伸直膝盖，猫在走路、跑步时膝盖总是挺直的样子，想想都很有贵族范儿。而鹤颈则是拉长脖子、放下双肩，瞬间就有了一种亭亭玉立的感觉。

也许你觉得要做到这些挺累的。然而使人优秀的，不仅仅是岁月的积淀，更是你对自己的要求。但凡对自己要求高的女人，随着年龄的增长，反而能更凸显出她的魅力。所以有智慧的人从来不在二十岁时评价女人，只有经过了岁月的洗练，才能看出一个女人对于生活的智慧。

在我看来，仪态绝不仅仅只是一种视觉体验，它更是一种个人素质。在气质领域里，每个女人都如一块璞玉，不论到了哪个年龄阶段，也许你的性格早已固定，但你的外貌和气质，却永远可以用后天的智慧来改善。

好的仪态一定是人生的加分项。不论从何时起，只要你决定让自己变得更优雅，那就永远不算晚。岁月都败不了的，只有气质美人。

你必须
懂得的餐桌礼仪

一个女人的美，是反映在生活方方面面的。

曾经有人说：“再精致的美女，把食物塞进嘴里的瞬间，面目都是狰狞的。”

我不同意这种说法。在我看来，如果一个女人能够把吃饭也当成一种仪式感来对待，她的吃相也一定足够美丽。

说到吃饭这件事，作为饮食男女的一员，我们有时候甚至是把它当成识人的途径的。

有次看到一个故事：一个女孩准备把交往数月的男友正式介绍给父母。男孩火速定了餐厅，在跟二老会面的饭桌上卖力地表现。回到了家里，女孩的父母却说：“你这个男朋友在我们眼里不过关！”

父母认为：第一，他在订餐厅时完全没有征求过自己女儿的意见，甚至不了解二老的口味，点的菜品满桌二老忌口的，说明这个人太主观，自以为是。第二，因为周末餐厅人多，上菜略慢了一些，他就对服务员大呼小叫，反复催促，说明他缺乏对别人最基本的尊重。第三，吃饭的时候他电话响了，原本他可以随后再接或是离席去外面接听，但他一边吃饭一边聊了十多分钟的电话，这点情商也算是少得可怜了。

听完父母的意见，女孩也犹豫了。

我记得一位礼仪老师说：母亲从小就教导她，如果是她请人吃饭，一定要细心配合宾客的吃饭速度，在宾客尽兴吃完之前不可以放下筷子。因为一旦主人停筷，客人也不好意思继续吃下去。

餐桌的礼仪，藏在每个细节里。这两年因为开了养生餐厅“庄隐阁”，我一直对餐桌礼仪颇为关注，也涉猎了一些餐桌心理学方面的知识。在心理学上，专门有讲到从餐桌表现观人性格的内容，非常有意思。心理学家认为，一个人在用餐时的一言一行，都能够或多或少泄露出其真正的性格。

比如，等待上菜时总是坐立不安、一遍一遍催菜，菜一上桌立马不顾形象狼吞虎咽的人大多出身贫寒。吃饭时特别讲究，碗筷要特别擦拭一遍，进餐过程中若有渣屑掉落也要马上拾起来，吃完饭也会将用过的盘碟叠放起来以方便侍者收拾，这类女性会更容易欣赏别人。菜一上桌，不先尝味道就胡乱添加调味料的人爱冒险，做事会比较主观草率。一边吃东西一边唠唠叨叨说话的人，往往性子急躁。那些面对食物专心进食不言不语的人，大多生性害羞或孤僻，有意通过不停的吃东西而避免和人交谈。

你看，一顿饭菜竟然能够看出这么多的秘密，也真的值得我们好好反思一下自己餐桌上的表现了。

别小看每一餐饭，中国是饮食大国，饮食礼仪在古代有一套相当完善的制度。迎宾的宴饮称为“接风”“洗尘”，送客的宴席称为“饯行”。客人需等主人举杯劝饮之后才能举杯痛饮，是谓“与人同饮，莫先起觞”。也就是说如果主人不劝酒，客人不能主动说喝酒。也正因为这种习俗，现在很多地区仍流行着宴席主人各种劝酒、以致客人酩酊醉倒的酒桌风俗。吃饭也是如此，同样有“主人执筷劝食、客人方可动筷”的礼节，这叫“与人共食，慎莫先尝”。要是今天饭菜特别丰盛，大家也只能吃离自己最近的一盘菜，举着筷子在满桌乱夹的人会被认为没有家教。如今的转盘圆桌已经非常好的解决了这个问题，作为主人，只要在用餐时要主动承担起不断的转动桌盘、为每个客人添菜的任务即可。

另外，古代众人一起吃饭时，都是尊者上座，卑者下首；长者上座，幼者下首；师长上座，学生下首。在方桌上吃饭，尊长要坐在方桌靠房间内侧的短边，坐圆桌时要把最里边的座位让给尊长。至于舔筷子、嘬筷子那是绝对不允许的，我们小时候还因为这些坏习惯被家长教训。

在一些书籍中看到，清朝在官场上有个规矩：上司赐茶不能喝。因为上司一般用端茶或者品茶的方式来表达对下属的不耐烦，那意思是让他自觉告退。如果下属端茶，那就是对上司的不敬，有要赶走上司的意思。

这样一看，生在现代已经很幸福了，没有那么多条条框框，只需要在吃饭的时候遵守一些基本的优雅礼仪即可。

比如现在大家一起出去吃饭，经常不知道主人客人应该怎么落座合适。其实从落座的位置来看，“尚左尊东”，“面朝大门为尊”。这样一看就很一目了然了。

如果你是主人，还要讲究摆盘的艺术。高的盛汤器皿会影响别人夹菜，上菜的时候要主动把汤放在自己前面或者不妨碍他人夹菜的地方。盛完汤后，记得将汤勺指向无人的地方，这是必要的礼貌。

如果你是被宴请的人，当着主人的面对菜品评头论足，尤其是高高在上地挑剔，也是不礼貌的。有些朋友为了炫耀自己的见多识广，每上一道菜就会点评一下，“这道虾没有某某家的新鲜”“我吃过一家比这好吃得多的红烧肉”……也许主人会谦虚地应和你几句，私下里肯定会有不开心。这种种比较，明摆着让人没面子啊！尤其是口中有食物时不要说话，一边吃东西一边话说，容易呛到或噎着，也不雅观。如果有人对着你说话，眼神专注对方表示专心听或是点头示意，如果眼神四处游离会让对方感觉你对他不尊重。

还有就是现在大家都爱的火锅，吃火锅时更要注意礼仪，不能用自己用过的筷子在锅里搅来搅去。更不能自己不放菜，光吃别人放的菜。大家都喜欢被照顾的感觉，如果聚餐时有这么一个人，总会拿着菜单询问大家的意见，吃火锅时会张罗下菜，也会主动帮大家添加饮料，这样的人，几乎都是人缘不错的。越是在这种人多的聚餐中，越能看出一个人的处世智慧。

我一直提倡女人要“好好吃饭”。好好吃饭的定义，不仅仅是按时吃、按量吃、按健康吃，同样重要的，还要遵守吃饭的礼仪。食物是我们的生命能量，我们必须对它有足够的敬意，在面对每一餐饭的时候，都像面对一场重要的仪式，大概，这样的饭食，从精神到身体，才能真正满足。

中国女人的
魅力从“红”而来

致力于女性美丽事业太多年，常被姐妹们问到一些五花八门的问题，比如总有人问我：“你说女人到了三四十岁穿什么颜色好看？”

我并非服装造型师，太专业的服饰造型问题我回答不了，但同样身为女人，我的心得是：“女人衣橱里一定得有几件红色的。”

中国人对于红色有着特殊情结，你看《西厢记》里聪明伶俐的红娘是一身红衣扮相，《红高粱》里突破世俗陈规的九儿也是一身红袄。《红楼梦》里最美的姑娘才配穿红颜色的衣服，红色在中国已经不仅仅只是一种颜色，它是一种精神象征，象征着最美好的生命力。

《说文解字》中介绍：绛，大赤也。——绛色即为“大红色”。

古代有对大红色制作的记载：以红花饼一味，用乌梅水煎出，又用碱水澄数次。或稻槁灰代碱，功用亦同。澄得多次，色则鲜甚……

大红的色彩饱和度最高，是高贵喜庆的色彩之首。红色又穿透力最强，感知度也最高，一看到红色，就很容易联想到鲜花、血液、火焰、太阳等热情美好的事物。红色在中国一般代表着吉祥、热烈、激情、斗志，给人温暖热情、积极希望等感受。它也与人的本能息息相关，如果你盯着红颜色看上一段时间，会心跳加快，情绪兴奋。

心理学上有一项研究，让一百多名年轻男子分别看一些女人的照片，就她们的美丽程度、愿意吻她们的程度以及愿意与她们发生性关系的程度进行打分，其中大多数男性选择了照片中穿红衣的女人。在被问到“如果与照片中的女人约会，你钱包里有一百美元，你愿意为这次约会花多少钱”时，男人们的选择还是一样，他们愿意为穿红衣的女人花更多钱。

国外还有另一项调查发现：在聚会中，男人更容易对穿红衣的女性主动搭讪。

红色，是女人增加性别魅力的杀手锏。

说到这儿，很多姐妹有个认识上的误区：总觉得中国人因为肤色等原因，不如西方白种人穿红色好看。

其实真不是这么回事儿。

作为中国的传统国色，红色在中国地位不同凡色，因为红色极具扩张感，反而骨架较小的亚洲女人穿上能精神十足。很多貌不惊人的小女人一旦穿上了大红的唐装、旗袍，立马拥有了神韵十足的女神范儿，但人高马大的西方女人穿红则显得老气横秋。亚洲人五官柔和，与西方人比略显平淡，但恰恰是这种小巧无奇的面容，配上张力十足的红色，能凸显出整个人的气场！

中国人的肤色属于暖色系，搭配同为暖色的红，相得益彰。外国人白则白矣，却是偏冷的白，肤色冷暖差异，身着大红就显得突兀。这几年特别流行的高级灰，更适合欧化长相的女性，它就不如红色更衬中国传统相貌的女性。你会发现有些原本挺漂亮的女人穿上这种灰灰的颜色突然变得平淡无奇了，就因为她的五官太温柔，缺乏了那种立体的张力，如果服装的颜色太过收敛，整个人气质就会被埋没。所以我们经常说在重要场合，衣服要为人“提气”。这“提气”二字，就是要把我们的五官立体化、气质凸显化，而红色显然是个不错的选择。

每个女人都可以把红色穿得好看，前提是你要选对适合你的那种红。茄红色适合皮肤偏白的女人，偏暖的暗红色适合肤色暗黄的人，玫瑰红几乎不挑肤色，锈红色会让人的气质更洋气。

说了这么多红色的妙处，不妨跟姐妹们分享一下我认为最适合使用红色的几个场合，这些时候用对红，简直是一场奇妙的化学反应。

跟新朋友见面时，红色元素能让你留下好印象。

红色代表着激情、感性、旺盛的生命力，红色性格的人也更习惯于“向往快乐和美好”的动机，我们经常会发现，如果跟新的朋友或是客户见面，身上有点红色元素，比如一条红丝巾、一件红外套、一件内搭的红衬衫……都容易给人留下热情开朗仗义的好印象。红色会让人产生友好的联想，不自觉的就认为“普天之下，莫非我友”，这就很容易帮助你交到朋友了。

与老公约会时，记得涂上大红唇膏。

烈焰红唇是一种男人无法抗拒的诱惑。如果让你选择一种喜欢的唇膏颜色，你会选什么？英国男性给出的答案是：红色，经典而标准的红色。

调查结果显示，73%的男性会被涂有大红色唇膏的女性嘴唇吸引，67%的人也会被粉红色唇膏所吸引，只有22%的人会留意裸唇。不同唇色吸引男性留意时间的长短为自然色2.2秒，粉红色6.7秒，大红色7.3秒。

女人一定要记得多买几支唇膏，别觉得老夫老妻出门吃个饭、看个电影无需那么郑重其事的打扮。其实偶尔的一点红唇点缀，也许就会让你们沉闷的夫妻感情碰撞出不一样的火花。

重要宴会时，记得添点红。

如果你将参加一个重要的宴会，又担心自己气场不足，那么，红色会帮你更加具有女王范儿。你看我们历史上著名的美女，杨贵妃、武则天、红拂、貂蝉……她们留给后人最直观的印象就是一袭红衣。看《妖猫传》时，其实觉得里面的贵妃长相一般，但那一身红袍出场，一回眸间，在那极乐盛宴之上，她就是焦点。红色就是具有聚焦性，会把众人的目光聚拢过来。想成为聚会女王，就得先学会妙用红色。

红色适合的场合当然不仅仅只有这些，每个女人都有自己的心得。女人到了一定年纪，不要做个隐形人，把自己的一切都包裹在低调的色彩中，当你敢于借助色彩张扬自己的美，那种气场就是青春少女也无与伦比的。作为女人，不论穿不穿红，在心态上始终要认为自己足够“红”！

"4rong女性提升法"第三则

溶她说：提升爱的能量

我们总在寻求婚姻中夫妻双方的溶合之道，
其实最好的溶合，
就是以接纳的心态迎接你生命中的一切。

溶，有溶解之意，也有宽广的解释。

这很像是女人经营婚姻的智慧：要有宽广的胸怀，更要懂得溶解自己身上的铠甲。

不论多么成功的女人，都该如此。

“铁娘子”撒切尔夫人说过：“如果没有丹尼斯，我不可能当11年的首相。”。

撒切尔夫人的丈夫丹尼斯·撒切尔是闻名世界的政坛“贤内助”，大概是由于老婆太过著名，以至于世人忽略了他的成就。丹尼斯·撒切尔其实是个非常成功的企业家。

玛格丽特·撒切尔叱咤政坛，人称“铁娘子”，她不是温柔的小女人类型，但这不妨碍她的婚姻生活甜蜜恩爱。

女儿卡罗尔曾说：“母亲一生最爱的只有两个：一个是唐宁街10号，一个是我父亲丹尼斯。”

早年立志从政的玛格丽特在竞选上院议员时受挫，丹尼斯鼓励她：“你的劣势就是你的性别。如果你能够好好利用女性魅力，它将成为支持你的力量。”

玛格丽特大受鼓舞。听从了丈夫的建议，玛格丽特开始精心打扮自己，她染了头发，开始改变着装风格，有意识地运用作为女性的性别魅力。

在国外，从政需要大笔的资金投入，丹尼斯经商赚来的钱对撒切尔夫人初期的政治竞选帮助很大。撒切尔夫人一直感激丈夫予以她的支持，二十世纪五十年代的英国非常保守，玛格丽特只是一个小镇杂货店店主的女儿，这对于看重身份出身的英国人而言，确实是个常常可以拿来嘲讽的谈资。全靠着丹尼斯在资金和精神上的双重支持，玛格丽特才一路走上了事业巅峰。

商人出身的丹尼斯说话有点粗俗，晚年酷爱抽烟喝酒，那时的玛格丽特已经是举世闻名的政坛铁娘子，但回到家里，她只是一个普通人妻。曾经看过关于她们夫妻的一个小故事，某次撒切尔先生一个人在房间里关起了门，撒切尔夫人敲门，老公问：“谁在敲门？”撒切尔夫人答：“是我，英国首相。”撒切尔先生说：“抱歉，我的家里没有首相。”撒切尔夫人在门外笑了，随后重新敲门说：“请开门，我是你的妻子玛格丽特。”房门随之打开。

在今人眼里，这是个绝对女强男弱的婚姻组合，撒切尔夫人却非常迁就老公。丹尼斯口味喜欢吃煎得过火的肉，玛格丽特就顺从了丹尼斯的口味。撒切尔夫人当选伦敦北部芬奇利的下议院议员时，他们一家却住在伦敦东南部的肯特郡，这是为了方便丹尼斯工作，虽然这里距离撒切尔夫人的选区和议会都很远。

老婆虽然身为首相，但他们过的依旧像普通夫妻一样互相包容体谅。

2003年丈夫的去世，让撒切尔夫人悲痛不已，她说：“担任首相就得承受孤独，你无法在群议纷纷里领导国家。然而我从未感到孤单，因为有丹尼斯陪伴。”

……

每每读到这句话，都令我热泪盈眶。我虽然不及撒切尔夫人的才干，也算事业有成，老公则更多的在照顾家庭。周围很多姐妹总是问我：“当老公的发展和你不同步时，你怎么调整心态去创造婚姻的幸福？”

我常常这样说：“对于女人而言，事业是事业，婚姻是婚姻。如果把事业的心态带入到婚姻中，再好的日子也过不出幸福的滋味。”

十四年的婚姻生活，我一直感受到幸福、安稳，因为我清醒地意识到：选择了一个人，就要接纳他的全部。

我们总在寻求婚姻中夫妻双方的溶合之道，其实最好的溶合，就是以接纳的心态迎接你生命中的一切。

当女人面对婚姻和爱人，能敞开胸怀去接纳，那么种种幸福才会不约而同地撞你满怀！

能克服“色难”的女人最好命

英国维多利亚女王有一次招待印度客人，印度客人误把端上来的洗手水当成了饮用水，一口喝了，当时气氛尴尬极了。女王为了不让客人难堪，面不改色地把自己面前的洗手水也喝了，其他大臣们见状也只得纷纷效仿。维多利亚女王默默喝下洗手水，在对方没有察觉的情况下给予对方最大的尊重。事后得知事实的印度客人十分感激，两国关系也因为对于女王的敬重而在无形中变得密切，成了史上一段佳话。

我特别喜欢张国荣，更敬重他的为人。某次在电影首映式上，有位很年轻的女记者问他：“你会为爱而死吗？”

周围人哄然大笑，张国荣认真答道：“电影是电影，人生是人生。”

首映式结束后，张国荣特意走到这个女记者面前，安慰她说：

“你刚才的提问是今天最好的问题，不要在意他们的笑声。”

这位女记者完全没料到影坛天王会特地来安慰自己，一时间感激涕零。

于是才有人评价张国荣时说：和他的才华比起来，他的容貌不值一提，而和他的人品比起来，他的才华又不值一提。

这才是真正的偶像魅力，除了在电影中呈现给我们的气质，更重要的是一份尊重他人的修养。

如今女孩子在择偶时，经常探讨一个问题：为什么了解一个人要看他对陌生人的态度？

有一个答案说：“因为陌生人和你的利益不相关，对利益相关者的态度取决于智商和情商，对不相关者的态度则取决于素质和修养。”

这话深令我赞同。

书中有言：“天地之气，暖则生，寒则杀，性气清冷者，受享亦凉薄，唯和气热心之人，其福亦厚，其泽亦长。”

你如何对人，人也如何对你，冷对他人者，也必将遭人冷遇，和颜悦色去相处，才能换来热情与真心。

在荣庄有很多女性养生项目，不论是茶道香道还是禅道，其实最后想要帮助女性们达成的目的，就是做一个有修养的女人。

修养之重要，几乎可以决定一个女人、乃至一个家庭的走向。毕竟，在大多数时候，决定人行为的，并不是法律或道德的约束，而是修养上的差别。思想家勃客说过："教养比法律还重要，它们依着自己的性能，或推动道德，或促成道德，或完全毁灭道德。"

如今我们经常说：可以适当的停一停，让思想跟得上身体。——身体是有形的世界，是物质，而思想则代表了无形的意识世界，是一个人精神的全部修养。我们所处的世界，恰恰处在一个修养追不上物质的阶段。

眼见有多少穿金戴银的人却言行粗鲁，又有多少身份高贵的人却欺小凌弱，往往物质世界的修为更容易获得，通过体力、智力、和努力，能够得以身份和荣耀。但精神世界的修为则难度更大，它是阅历和慈悲心的累积，一个人若是对世间万物没有足够的良善心，很难达到这种尊贵的修养。

然而要说起修养中最难达到的境界，我认为，是对亲近之人的和善。

我们都把好脾气留给外人，却把坏脾气留给最爱的人。——似乎这是个普遍现象。在生活中，对于不熟悉的人，我们经常怀有戒备心，会提醒自己小心行事，反而会客气、会考虑对方的感受，开玩笑前也会思虑再三对方能不能接受。倒是在至亲至爱的人面前，本性则暴露无遗，尤其是父母面前。

孔子说，孝敬父母最难的事情是"色难"，就是说子女最难做到的是给父母好脸色。

生活中很多子女也孝顺，给父母买房子、买衣服，带他们去吃精致的大餐，去各地旅游，物质上绝不匮乏父母。但在圣人眼中，这只是低层次的“孝”，仅仅是满足父母的表层物质需求而已。最高层次的“孝”，表现为精神上的敬重和脸色上的和悦。身为儿女，最大的教养或许就是能对父母和颜悦色。身为子女，这其实非常难做到。

心理学上总说：对亲密的人发火，源自一种信任。

我们在外面受到委屈、承受压力，你不能当面跟客户发泄吧，为了照顾员工情绪批评也要尽可能和缓吧，在消费场所遇到不开心也要顾及周围人的眼光吧。我们不能随时随地发脾气，因为随时随地都有无数双眼睛看着自己，当终于摆脱了众人、回到自己最安全的港湾，积累了一天的怒火，不自觉地就要宣泄了。其实此时的家人最无辜，原本错不在他们，却无端充当了垃圾桶。因此很多人在工作压力巨大的时候，婚姻也常常随之出问题，就在于一个人不顺心的时候是很难控制自己脾气，他的宣泄口，最有可能爆发在伴侣身上。

经常在荣庄帮女性客户研究各种解压方法，我深知，同是受过教育的新时代女性，没有人的修养会天然差，只不过在种种压力的侵袭下让精神变得越发粗糙。我期望帮助所有女人，重新回归精致的自己。

女人都渴望美丽，也总以为靠着美丽就可以征服男人，然而却有男人说：“不美丽是女人绝对不可以容忍的事情，但没修养绝对是男人不可以容忍的事情。”

胡适讲：“世间最可恶的事，莫如一张生气的脸。”他家有悍妻江冬秀，脾气极大，动辄对他破口大骂，也因此令胡适对女人的修养二字才体会得更深。

看看我们身边那些成熟优秀的男人，陪在他们身边的女人，不一定有多么性感美艳，但她们一定是得宜的，有一张保养得宜的脸，有一种优雅得宜的气质，有一份进退得宜的修养。这样的女人自不用说，一生的路途大多都平坦无波。因为那份修养使人舒服到总想给她更多好的机会。

有修养的女人，注定好命。

舒适比高贵重要

很多女性朋友都知道，荣庄的林熙老师，是个提升爱能量的高手。林熙老师经常挂在嘴边的一句话是“懂比爱更重要”。在她看来，两个人生活中，感觉很重要，因为所有的行为中，感觉是最没办法复制的，你给予别人的感觉也是别人无法代替的。所以，作为女人，想要获得婚姻的幸福，最需要学习的，就是营造婚姻中那种温暖并且诱人的氛围。

她与老公结婚二十年了，始终如新婚般蜜甜，皆是因为她的婚姻经营之道。她经常提醒荣庄的姐妹们“要懂得老公的需求”。有时候她也会举例自己的婚姻细节，比如有时候老公出差数日回家时，她会提前在房间里薰上一盏精油香氛，人的五感六觉，首先第一觉是嗅觉，美好的气味会瞬间激发出人的愉悦情绪。视觉上也不容忽视，林熙老师喜欢鲜花，也经常会用鲜花来表情达意。夫妻和睦的时候会在客厅里摆上一束紫玫瑰，代表着婚姻的温暖与稳定。偶尔吵架了她会买来百合，用“百年好合”的寓意来向老公传达自己对于和睦婚姻的期待。

在荣庄的姐妹眼里，林熙老师一直是“女人味”三个字的化身，一言一行间都独具女人的韵味，这跟她一直以来对于“如何营造两性间的感情氛围”的研究脱不开关系。

多年下来，林熙老师总结了一整套“卧房36计”，也帮助无数荣庄姐妹拥有了更好的魅力、经营了更好的婚姻。在这里，也不妨给朋友们介绍我所学习到的一点点“熙式卧房36计”。

林熙老师经常着重强调的卧房元素中，气味一直是排在第一位的。有专家认为，嗅觉很有可能是生命诞生最初产生的感觉，就连肉眼看不到的细菌，也是有嗅觉接受系统的。嗅觉也是通往情绪的捷径，嗅到的不同气味，会直接影响到我们的情绪反馈。现在特别流行的芳香疗法，就是通过气味对人的情绪产生不同作用。而林熙老师，就是一位善用气味营造卧房感觉的高手。

林熙老师一直提醒我们，夫妻共处的卧室里，最好要有合欢香，这是一种增进夫妻氛围的香气。如果夫妻双方的能量都很强，可以在卧室喷一点香水，女人可以把它喷到脚踝、手腕、耳后，这会让你们有个激情满满的夜晚。如果男性能量不太好的状况下，也可以薰点特定的香氛，比如依兰是东南亚常用的香料，有很强的催情效果，只是多数中国人受不了那种浓烈的味道，但作为卧房里的保健香料，效果还是很棒的。

除此之外，愤怒嫉妒时，可用玫瑰香气来滋养身心。伤心时来一点安息香，会有温暖的安全感。恐惧时用金银花和茉莉花来宁神静气。心情低落时可以用迷迭香和柠檬来振奋情绪。如果疲劳或是生病时，可以在房间里添上橙香的味道，这是缓解压力很好的办法。林熙老师也透露，每每老公工作劳累归来，她总会先在房间里点上香橙的味道，可以无形中渐渐帮他化解疲惫。

说到这里就不得不提到林熙老师着重推荐给女性朋友们的一种花香——薰衣草香。

众所周知，薰衣草香可以安神镇静、促进睡眠，而荷兰莱顿大学的心理学家发现，薰衣草香还能够增加一个人的诚信度。有个好玩的实验：有六十位志愿者参加气味测试。一些志愿者喷了薰衣草香，另一些志愿者身上是薄荷味道，还有些志愿者没有使用任何香氛。研究者让他们分别向陌生人讨要五欧元，结果人们更愿意把钱给那些使用了薰衣草香味的志愿者。——这大概是因为薰衣草香可以使人放松情绪的作用，从而产生了信赖感。

正因为气味对于我们情绪的影响至关重要，林熙老师建议我们要多多使用花香，做一个有花香气的女人。平时可以多喝喝花茶，玫瑰、茉莉、菊花泡水喝，可以愉悦心情。薰衣草、玫瑰、柠檬、薄荷、迷迭香、茉莉等香氛，更是在日常生活中应该必备的香气。它们可以在不同的状况下给你不同的情绪调节。

除了嗅觉，视觉也在营造感觉中起着不容忽视的作用。林熙老师很令我佩服的一点是，她家的窗帘、床品是随着季节变化不断更换的。她家的窗帘四季都要换新，她认为不同季节就该有不同的心情。至于床品，春夏季节时，床品要么是紫色加灰色，要么是紫色加大地色。到了秋冬，则是深紫色加大地色或烟灰色。这几种颜色都是促进睡眠的色彩。还有就是灯光，也被她设置成了淡紫色，加上薰衣草填的枕头，整个卧室里洋溢着一种浪漫的宁静。不知不觉间，就获得了高质量的深度睡眠。

除此之外，还有触感。人都需要温柔的肢体抚触，才能感受到爱的讯息。温柔的拥抱、亲密的抚触自不用说，在卧室里，你的床品到睡衣，同样也能营造出不一样的女人味道。林熙老师建议女性朋友的睡衣最好是丝绸、丝光棉的质感，可以增加女人味，同时柔软的质感也可以抚慰疲惫的身心。当你很累很困的时候，可以在床上加一层绵垫，有助于放松身体、提升睡眠质量。林熙老师说，她的家里，从洗浴间到床前，铺有一条毛茸茸的地毯，人走在软软的地方就开始放松，她在卧室里从不穿拖鞋，一穿拖鞋神经就容易敏感亢奋了。洗完澡，她也从不用毛巾擦身体，总是先用一件丝绸或棉质的睡衣浑身一裹，把水微微吸干，再穿上加温过的睡衣。然后涂上薰衣草味道的润肤露，就踩着软软的地毯，一路走到床前。那时候，整个身心都是放松的，整个人都是充满女人味的。

上床安定好后，可以放上一段舒缓助眠的音乐。林熙老师建议大家要使用脚枕，而且脚枕一定要高于枕头，如果再可以把脚枕加热，就更加能够促进睡眠了，因为脚热头凉利于眠。对于失眠者也有办法，通常人睡不着是因为心火旺、心事重，可以睡前喝一点五味子加莲子心泡的水。严重失眠可以喝五味子酒，或是百合莲子五味子炖的汤，非常严重的失眠者则可以把洋葱切碎放进纱袋挂在床头，这些都有助眠效果。除此之外，林熙老师还总是教我们一些小窍门，比如睡前大笑可以促进睡眠。笑是很好的运动，人一大笑，气就打开了，这是很有益的运动，所以夫妻间睡前讲讲笑话或是下载一些有趣的笑话软件，既能促进夫妻感情交流，又能有益睡眠质量，可谓一举双得。

我和荣庄的很多姐妹一样，经常跟着林熙老师学习做女人的智慧，也渐渐学到了更多她身上那种柔软的女人味。林熙老师是我目前见过的最不怕麻烦的人，她一直认为，不怕麻烦的生活才是最不麻烦的生活。这大概就是一个女人的精致吧。

林熙老师说：“舒适比高贵重要。”

我深深震撼于这句话背后的智慧。是的，不论生活还是感情，舒适确实是女人最终极的幸福。

那些只有
幸福女人才懂的事

每天往来荣庄的客人中，有很多人到中年的女士。大家熟络了之后，往往爱聚在一起聊聊自己的生活。听多了聊多了，就真的发现，一个女人到了中年，生活幸不幸福，真的从她身上一眼就能看得出来。

也是从四十岁以后，我才开始慢慢关注自己的状态，包括脸上的笑容，眼神里的光彩，举止动作是不是还能轻盈愉悦……大概每个女人到了成熟的阶段，渴望的不再只是青春和美貌，更是一份从心底流露出来的幸福感。

我觉得一个女人的幸福，不用锦衣玉食大富大贵，但一定要满足三个标准。

笑容是不是发自内心的

我们每天都在微笑，大多数时候笑得身不由心，只是敷衍、应酬的笑，当笑容都成了维持人际关系的一种方式，难怪身边很多朋友一天下来不由得感慨“今天笑得我脸都僵了”。幸福的女人，生活顺心，那么自会拥有开朗的胸怀，她笑起来会是灵动的，眼神都带着甜味。我们经常说淑女的标准笑容是只露八颗牙，那种浅浅的微笑其实并不能打动人，反而给人以冷若冰霜的距离感。幸福的女人笑起来不会顾及那么多姿态和五官上的漂亮，却发自内心让人觉得她美得无与伦比。

说话时声音会不会悦耳

心理学家发现，当女人开心愉悦时，说话的声量会随之提高，呈现出轻快悦耳的感受。随着年龄的增长，人的声音会越来越低沉浑浊，尤其在遇到不顺心的事情时，更是表现出一种黯淡的语调。我们经常会说有些女人一直充满着少女感，除了容颜的保养之外，其实还有声音的清亮。一个女人的幸福与否，从她每天说的话中就能看出端倪，有些女人心中充满了抱怨，抱怨生活的不公，抱怨老公的冷落。这样的女人光凭语调就透出一股子烦闷，又如何能具备让别人开心的能力！

有没有更爱打扮了

女人在生活幸福的时候会更加注重外貌的美感，会愿意花更多钱买衣服，花更多精力用来保养和化妆。这很容易理解，一个被爱着的女人时刻都是被关注着的，正所谓女为悦己者容，每个女人都渴望自己在爱人眼里能够更美一些。别看女人心情不好时喜欢购物，心情糟糕时即便买回漂亮的衣服她也懒得去穿，只是希望用花钱的方式发泄怨气。幸福的女人不同，她不一定非得去买买买，但一定会把衣橱里的衣服每天都搭配出不同的风格。当你看到身边某个姐妹忽然之间变得光彩夺人，不用说，这段时间她大概过得蛮好。

这几点听起来很简单，可是当你站在镜子前参照自己的样貌时，会发现真想全部做到，也并不那么容易。

为什么女人的幸福这么难以获得呢?

我想，这是因为女人都是情绪的动物，情绪的变化会导致女人对于生活感受的巨大反差。我们经常看到很多姐妹，今天把老公夸得像朵花，明天却把他骂得比渣男还不如。然而你真的去跟他老公接触一下，发现这个男人也没有传说中的那么反复无常呀。这就说明，女人的情绪往往决定着她对于幸福感的评价。

一个女人如果能控制好自己的情绪，那她几乎做什么事都能成功。女人因为特殊的生理结构，荷尔蒙变化会比较频繁，想要科学地掌控自己的情绪，那一定要克服这四种情绪习惯。

及时对负面情绪喊“stop”（停止）

曾经很多专家教我们“难过就哭出来”“有不开心的事一定要说”，久而久之，我们总觉得只要不高兴就得宣泄。纵然这是一种解压方式，但以我的经验来看，这样的解压也容易导致过度释放，原本只是一点无足轻重的小苦恼，被你郑重其事一说，反而觉得这事儿变得天大了！心理暗示的作用非凡，我们经常说谎言重复二十遍就变成真的了，一件事说多了连你自己也会相信。所以，如果不是太难过，有些痛苦无需全都讲出来，讲多了也是对自己的负能量暗示。有些微不足道的小情绪，要及时喊“stop”，不能纵容自己无限度的去沉浸。经常能对坏情绪喊“stop”的女人，通常事业的成功率也会更高。

不被负面思维惯性左右

大多数生活不幸福的人，都是负面思维惯性的人。世间万事万物都有正负两面，再美味的水果也有寒热不同的属性。有一些人，不论看到何种问题，总会先从负面着眼，总是容易看到事物的消极面和灾难面，提到出行，她首先想到交通意外，提到婚姻，她先跟你聊出轨率。当你信心满满地想要开始做一件事时，她迎头一盆冷水就把你浇得凉到了脚底心。如果不改变这种思维的惯性，很难真正获得幸福。这就需要经常性的训练，训练自己对于正能量的感受力，以缓解负面思维带来的悲伤感。

完美主义者注定是输家

我爱一切美好的事物，但我提醒自己，绝不能做一个完美主义者。世界本身就是不完美的，再漂亮的容貌也会有缺点，再美好的经历也会有遗憾，这个世界上不快乐的人大多有完美主义倾向。特别是你的能力无法和你的想法匹配时，完美主义就会成为痛苦的根源。过度的完美主义者最容易产生自卑情绪，总会觉得自己达不到预想的目标。这种完美主义的情绪一定要加以控制。现在你不妨坚持一下自己，看看最近是不是经常会说到“最好、完善、最优、顶尖”等词汇，如果你认为只有这些词汇才能代表成功的话，那么说明你的完美主义情结已经有点严重了。热爱生活的人，会热爱生活的全部，包括缺憾。而幸福的来源，就是对生活一切特质的包容。

你不是愤青，请别偏激

有些姐妹，虽然已经不是二十出头的小女孩了，心中还是有股愤青情结，正义感爆棚。说到那些出轨事件，可以把渣男骂到狗血淋头。说到这个世界的不公平，可以愤慨到拍桌子瞪眼。她眼里容不下一粒沙子，决不允许有任何违背自己价值观的事情发生。我不是说正义感不好，而是说如果一个人看问题总是非黑即白，一切的表达都过于偏激，那么这样的人心里往往异常痛苦。生活并不总是黑白分明，别人的生活里也有你看不到的苦衷，如果不懂换位思考，只是一味偏激，这样的人不会受欢迎，又何来幸福感呢?

当一个女人过了三十五岁，她就不应该仅仅只追求容颜的漂亮。她应该具有一种综合的美感，那种美感一定是有内在透出的光彩，当然，这就是只有幸福的女人才懂得。

那些被你忽略的美好

网上曾经流传一个帖子：给你一千万，你愿不愿意卖掉男朋友？

结果引发了女网友的疯狂跟帖：

“一千万？！当然卖啊！”

“不用一千万，一千块就成交！”

“马上成交，速来提货！”

……

虽然这只是个戏谑的帖子，现实中，还真有个女人刊登过一则“出售老公”的广告。

在美国有个四十多岁的中年人妻，结婚已有二十多年，她对老公是越来越看不惯了。她老公，有些特殊癖好，人生中只爱旅游、打猎、钓鱼三件事，并且他每年会花整整半年的时间离家去探险，这期间完全不与家人联系，就好像凭空从这个世界上消失了一样。半年后，等他探险旅程结束，又照样背着包回来，二十年来，这位妻子一直过得是半年独身、半年人妻的生活，终于在忍受不了孤独的状况下，这位妻子爆发了！但满腔怒火又找不到发泄对象，老公此时正在她不知道的某个地方逍遥快活呢！于是，她干脆在报纸上刊登了一则广告——廉价出让老公一名！

广告写明：如果你愿意收购我老公，我将免费赠送他平时使用的全套打猎和钓鱼装备。另外附赠牛仔裤一条、长胶靴一双、T恤衫两件以及里布拉杜尔种的狼狗一条，和自制的晒干野味五十磅。

广告发出之后，这位太太就去忙别的事了，她心想这么不靠谱的男人铁定没人要。但出乎意料的是，接下来的一天之内，她居然接到六十二位太太小姐的电话，其中的二十三位都是诚心想要购买她的丈夫。

这位人妻就不理解了："这样的男人哪里好？怎么你们还都抢着要？！"

这些来咨询的女士中，有人认为她的丈夫有冒险精神，且兼具勇气，这样的男人值得依靠；有人认为她的老公崇尚自然，属佛系天然男，和这种男人相爱，一定会有健康的心态；还有人觉得这男人生活方式如此特别，恰恰表示他是懂得生活……每个女人的理由都足以证明这个男人几乎可以用"完美"一词来形容！

此时这位人妻才猛然发现，原来自己眼中不靠谱的老公居然在其他女人眼里这么有魅力！幸好自己及时醒悟，如果真的把老公卖掉了，没准儿还真要悔恨终生！第二天她赶紧在报纸上又补登了一则广告：“廉价转让丈夫事宜，因为种种原因取消！”

几个月后老公出游归来，听说了这段插曲，哈哈大笑，问妻子：“为什么最后你改变主意了呢？”

经历了这场卖夫风波后，妻子竟然变得温柔起来：“如果我把你卖出去了，又能从哪儿再买一个你这么好的老公呢？”

两人深情相拥，感情竟然慢慢回温。

这是个真实的故事，发生在美国的马里兰州，那个很抢手的丈夫叫查理·亨勒尔，那位曾经打算卖掉老公的太太叫露易丝·亨勒尔。原本只是一个小小的恶作剧，却让露易丝·亨勒尔重新认识了自己的丈夫。

……

我并不想评价这位丈夫的对与错，毕竟我也是个妻子，如果我的老公一年里有半年时间都在外游荡，不顾家人，大概我也坚决不能忍受。但我讲这个故事，只是想从另外一个角度表达“欣赏”在婚姻中的重要性。

漫长的婚姻中，我们经常会提到一个词：七年之痒。

几乎所有人都认为时间会摧毁激情，很少有人会去思考：为什么有些夫妻，不论七年还是十七年，乃至七十年，始终恩爱如初？为什么当初你疯狂爱上的那个人，却在短短几年的时间里就让你兴趣全无?

这不是时间的问题，是我们的“眼睛”出了问题。

人性非常奇怪：当你没有得到一个人的时候，关注的全是他的优点，以至于不少姑娘失恋后要死要活，觉得此生再也遇不到这么完美的对象了，终成眷属后，却迅速地开始变得挑剔，只盯住对方的缺点不放，曾经的绅士、淑女，只要一结婚，全变成了对方眼中的邋遢男和撒泼女。

婚姻中最可怕的，是有一种“物权心态”。觉得对面这个人全都属于你了，于是开始用主人般的眼神来审视他，自然就开始了漫长的“挑剔史”。

人人都知道婚姻不是恋爱的延续，要面对更多现实的问题。但我想，如果我们在婚姻中能时刻保持一种“恋爱心态”，又何尝不是一种保鲜妙法？！

在跟老公相处的十四年里，我经常会没事逗逗他，像恋爱时那样，把自己当成个顽皮的女孩。即便女儿都已经进入了中学，可我们始终保持着恋爱时的那种交流状态。我不愿在他面前长大，我觉得女人在婚姻中“冻龄”，是可以长久维持恋爱感觉的好办法。

除此之外，我不会跟老公很长时间的腻在一起，我们可以一起度假，也可以一起玩乐，但只要休闲时间一结束，我会立马投入工作。很多姐妹说我“太狠心，留给家人的时间太少”，可恰恰如此，才让我的婚姻一直处在一种“渴求”状态。我们不会一次性把快乐的额度用尽，于是一家三口在意犹未尽的假期结束后，会更加渴望下一次的来临。

夫妻之间，保持互相的尊重和欣赏，这是需要一辈子去学习的课程。一生非常漫长，我们要学会从不同角度去欣赏和自己相守一生的那个人。但如何去完成这一次又一次的欣赏，靠得就是动用心思和智慧。

很多人说："找到那个对的人，就可幸福一辈子。"

什么是对的人？即便是对的人，又有谁能保证他一辈子不会变化？

婚姻本无绝对的合适，世上没有两个完全契合的灵魂。需要有一双善于发现美好的眼睛，才可保证一生的幸福。

是的，你要心存美好，更要懂得识别美好。婚姻的幸福，不过如此。

仪式不是作秀，举案齐眉不是爱！

“4rong提升法”中很重要的一项探讨即是：婚姻中的仪式感。

很多姐妹听到这句话立马问我：“哦，这婚姻中的仪式感是不是就像‘举案齐眉’那样？”

乍听起来，举案齐眉、相敬如宾，确实是一种很中国的仪式，它代表的是中国传统婚姻中夫妻互敬的最高境界了。但我所倡导的“婚姻仪式”并非如此。

从少女时代起，我们就一直听梁鸿孟光的故事。说是这一对夫妻终生互敬互让，妻子孟光每次请丈夫梁鸿吃饭的时候，都要把托盘高举至齐眉，以示尊敬。直到现在，很多结婚典礼上，来宾们给予新人的祝福中，也多是一些举案齐眉的期望。我也曾经以为梁鸿孟光是恩爱夫妻的典范，直到后来去史书中仔细了解了他们的婚姻故事……

之前提到过丑女钟无艳，因才德而做了齐王后。孟光也是历史上著名的丑女，不过丑到什么程度，书中记载得并不明确，只用了五个字形容她——状肥丑而黑。

仔细看看这五个字，也不过就是说孟光体胖皮肤黑，要是现在，减肥酷塑水光针分分钟可以解决她的相貌困惑。不过生活在古代的孟光就没那么幸运了，因为相貌问题而被剩下了，一直到了三十岁，还是剩女一枚。

“古者圣王为法曰：丈夫年二十无敢不处家，女子年十五无敢不事人”，古代男子女子的法定婚龄分别在二十岁和十五岁。古代因为战乱死伤人口较多，因而鼓励早婚多生。汉朝以前各代，“男子三十不娶则为鳏，二十不嫁则谓过时。”在春秋、西汉、魏晋等朝，如果男子女子过了婚龄还不娶不嫁，父母甚至要受到处罚。这一千多年前的东汉，可想而知三十岁的孟光得有多么老大难！

孟光也曾相亲过无数次，最终都没成功，亲戚家人也没少给她冷脸。后来孟光一赌气，信口说了句气话：“要么不嫁，要嫁只嫁梁鸿！”

这句话可把大家吓坏了，家里人都觉得她疯了！梁鸿可是当时著名的男神，有学问有颜值，多少白富美都揣着丰厚的嫁妆想要嫁给他。孟光这么一个三十岁的丑女，想嫁给男神梁鸿，这不是痴人说梦嘛！

没想到的是，梁鸿当时也正被家人逼婚，听说了孟光的话后，竟然真的跑来下了娉礼，要娶孟光做老婆。放着美女不稀罕，放着钱财不眼红，娶一又丑又老的超级剩女，梁鸿这一招竟然为他博得了一个不爱财不好色的好名声！

貌似这是个麻雀变凤凰的故事，所有姑娘也都羡慕嫉妒恨着孟光的好运气，实则，从孟光嫁给梁鸿的那一刻起，她的婚姻悲剧才刚刚开始。

都说女为悦己者容，婚后的孟光为了讨好丈夫，也把自己最漂亮的衣服穿上，精心梳妆打扮一番。没想到这么一来，梁鸿反倒一连七天不搭理她。直到第八天，孟光实在忍不住了，“扑通”一声给梁鸿跪下了：“老公啊，我到底哪儿做错了？你打我骂我都行，别不理我啊！”

梁鸿原本就是男神的心性，傲气得很，对地上的妻子不屑一顾：“我娶老婆娶的是朴实无华，我希望我媳妇是个穿布衣能和我一起过普通日子的人，你打扮得这么花里胡哨，根本不是我理想中的老婆！”

梁鸿在当时被誉为贤德之人，拼死也要做道德楷模，这下苦了身边的孟光。就像所有嫁给了男神的灰姑娘一样，孟光在夫妻关系中，永远占着下风。不想失去好不容易得来的婚姻，只好穿上布衣，洗去妆容，纺线织布。梁鸿这才高兴了：“这就配当我梁鸿的妻子了，现在我允许你侍奉我了。”

从这句话中就可以看出，在他们漫长的婚姻中，孟光根本不算是梁鸿的妻子，只能算是他的女佣。换言之，梁鸿这个自诩为道德楷模的男人，娶孟光这个丑女，只是为了博个贤德的名声，他大概一辈子也没有发自内心尊重过自己的妻子，更别谈爱她了！

记载中孟光身形高大肥胖，力大如牛，结婚前孟光家境不错，虽然长得丑，但也是爸妈的小棉袄，婚后却要每天出去做苦力，舂米来赚钱养家。干完活回到家还要做好饭菜，又怕自己的丑脸倒了老公的胃口，低着头不敢正视老公，因此给老公送饭时都要把托盘举得齐眉高，像奴仆一样恭请丈夫用餐。

白天是力能扛臼的大力士，晚上就成了唯唯诺诺的小保姆。实在不知，后人是如何将这样一段屈辱的婚姻，演绎成了后世的夫妻典范？！

婚姻中真正的仪式感，从来都不是举案齐眉、相敬如宾。就像传统的韩国婚姻中，妻子必须对丈夫使用敬语，直呼其名者足以被公婆臭骂一顿，可那也并不是真正有积极意义的仪式。“4rong提升法”提倡的仪式感，必须是两个人在同等的位置，以尊重为前提、以爱为根本、以情趣为调剂，去践行的一种婚姻智慧。是的，这样仪式感从来不会让你觉得枯燥累赘，甚至会让你在最短的时间内看到它在婚姻中所产生的奇妙反应。真正的仪式感，可以增强两个人的信心，激发对婚姻的共同责任。

我们如今的时代，孟光式的妻子其实还有很多，也许她们表面光鲜、人前骄矜，但到了丈夫面前，却卑微如同草芥。她们是不被爱的，不被爱人所爱，甚至不被自己所爱。她们从根儿上就放弃了自己在婚姻中的权利。——生活中，一个不把自己当回事儿的女人，也不可能真正有人把她当回事儿！

任何的仪式感，如果缺少了爱和尊重，其结果都是卑微。你要做一个有仪式感的女人，但请明确一点：仪式感，不是让你跪着去爱一个人。

爱得高贵，活得坦荡。——这才是女人在婚姻仪式中最高级的状态。

请先戒掉你的“下嫁心态”！

经常光顾荣庄的有位客人Lisa，三十多岁，气质出众，保养得宜，有着自己的一份事业。她一直是个挺骄傲的女人，经常听她说起在家里怎么指使老公干这干那，也有姐妹劝她“男人毕竟是男人，要给他留点面子。”

Lisa对此不屑一顾：“就他那样儿，还能怎样？！”

Lisa的老公个头不高，长相普通，事业也没有太太那么出色，以世俗的眼光来看，Lisa配他绰绰有余。也难怪做妻子的有这样的底气。

后来有好长一段时间Lisa没来会所，姐妹们都不知道她最近的动向，朋友圈也不发了，短信也不回，大家都猜想“Lisa别是出什么事儿了吧？”

约莫过了两个多月， Lisa忽然来了，摘下墨镜的那一刻，我们都吓一跳，满脸的憔悴，眼圈乌青，皮肤粗糙得像老了七八岁。还没等我们询问，Lisa的眼泪就先掉下来了：“这个人渣，不负责任的男人！他竟然还能出轨！”

原来这段时间Lisa一直在打一场婚姻保卫战。

虽然现在出轨事件挺多，但这件事对于Lisa的打击要远大过其他人。她一直自诩于自己的好条件、好能力、好修养，结婚快十年，别人一直羡慕老公娶了个好太太。她怎么也没想到，自己下嫁的这个男人竟然会背叛她，出轨对象的各项条件根本无法跟她相提并论！

“你们知道吗？那个女人也三十多岁了，离了婚带个孩子，长相一般，家教一般，学历一般，一个月赚的钱只有两三千块，我不理解的是，为什么还会去喜欢她？”

女人大概都有这个心态：如果老公的出轨对象比自己年轻美貌优秀，被强大对手打败，还可以自我反省再度提升，如果是打败自己的女人样样都不如自己，可老公却偏偏爱上她，这对女人反倒是一种巨大的侮辱了。

作为女人，我们都能体会Lisa的痛苦，就开始帮着她分析问题：太过骄傲、总有下嫁心态、不会使用温柔的武器、完全不给老公面子……后来Lisa也承认“你们说的都对，我这些年是太骄傲了，这些年我没给他过过一次生日，我宁愿给他添几身衣服也不愿给他做个蛋糕，我就是在他生日那天看到他朋友圈里晒了一张手工蛋糕图才发现的苗头，是那个女人给他做的。我一直觉得自己条件比他好，不愿放低姿态去做这些讨好他的事情，我觉得过日子就要务实，可我没想到一个快四十岁的男人还会去追求这些！”

Lisa婚姻的伤痕还在慢慢恢复中，她的经历倒让我想到了曾经看到过的一个故事。

有个条件优秀的姑娘在三十岁那年嫁人了，她之前一直很挑剔，总喊着“非高富帅不嫁”。但现实一直不如意，年龄不等人，此时一个非常体贴但其貌不扬的男人苦苦追求，交往了一段时间后，迫于父母压力，她也就别别扭扭地嫁给了他。

婚后老公对她特别好，疼爱备至，姑娘一点也不感动，觉得自己嫁给他已经算是恩赐，他理所当然应该像伺候女王一样伺候自己。这姑娘婚后衣来伸手饭来张口，下班再早也绝不会下厨做饭，就坐在客厅看电视，等老公回来做好饭，吃完上网看看片，一切家务有老公全包。后来姑娘的妈妈从外地来探亲，看到女儿像个女王、女婿却如仆人，她并没有像其他母亲一样骄傲于自己女儿高高在上的家庭地位，相反对着女儿就是一顿呵斥：“过日子要共同付出，这才是夫妻，你像使唤用人一样使唤他，这像话吗？”

姑娘很不服气：“我嫁给他就已经算是下嫁了，他还不知足吗？他对我好是应该的，不然就凭他那样我会嫁给他？！”

母亲非常生气：“你要是对他不满意，当初就不应该嫁给他。现在结了婚却对人家呼来喝去，你看看自己这副样子，是做老婆的样子吗？男人可以包容你一年两年，谁会包容你一辈子！你嫌人家长相丑，那十年后你还能年轻漂亮吗？我告诉你，如果你一直这样作下去，早晚有被甩的时候，到那时我是绝对不会站在你这边的！”

被母亲狠狠骂了一顿之后，她对老公确实言行收敛了很多。下班早的话也知道进厨房洗洗菜擦擦桌子了，偶尔也会关心地问问老公上班累不累。当心态放平后突然发现，其实老公也没那么差劲，他上进又厚道，人缘也好，绝对是个靠谱的男人。这姑娘一直说：“幸亏妈妈当初骂醒了我，否则我可能真的会失去一个好男人。”

……

这故事给我留下了特别深的印象。其实我身边像Lisa一样的朋友很多，女人事业做得很棒，容貌也保养得漂亮，越是这样的女人越有女王心态。在职场中，女王的气场可以帮助我们拓展事业的疆土，但要是把这种女王气质带到家里，婚姻就尴尬了。如果再加上老公事业发展得不如她们好，这婚姻中心态就导致失衡，她们会觉得“我条件这么好，原本可以有更好的选择，能嫁给你，你就偷着乐吧。”

婚姻中最害怕的就是这种施恩心态，觉得我条件好跟了你，你就该感恩戴德一辈子，但是大多数女人最后还是哭了。我们现在发现，很多婚姻中的出轨案例，小三的容貌和能力远远不如妻子，男人选择这样的出轨对象，就是因为能够从她们身上找到被尊重被肯定的感觉。

越是女强人越容易遭受背叛，越是下嫁的女人越容易被老公抛弃。当你没有放平心态，总是用俯视的眼神去看待对方，没有人能常年忍受这样的羞辱。

说到这个话题，我常常会跟姐妹们分享我的婚姻故事。按照常人的眼光看，我跟老公就属于典型的“女主外男主内”模式。

我跟老公结婚十四年，很多人羡慕我们轻松和谐的家庭氛围，都跟我请教“御夫之道”，其实总结我的婚姻经营策略，最重要的一句话就是：对老公没要求。

看看现在那些总出问题的婚姻，多半是双方对于彼此的要求太多，尤其是女人，你希望老公事业有成，又要他浪漫多情，同时还得忠心无二……这好比天天拿着一本规章制度在跟他过日子，稍有不符便大发雷霆，试想，这样的婚姻又怎能开心？

我不否认自己的事业心很强，于是跟以家庭为重的老公倒也相得益彰。可能身边很多姐妹会说“你事业那么优秀，也得嫁个事业同样优秀的男人才行”，我完全不赞同这类观点，婚姻又不是做生意谈合作，它需要的是一种精神上的契合度，一种生活上的协调度。老公虽然在事业心上比我逊色，但对于家庭付出的辛苦，同样可以让我毫无顾虑地去投入工作。

我不认为男人娶了个事业型女人，就一定要低声下气地过日子。婚姻中，顾及彼此的尊严，是首要的条件。在我们家里，大事小情名义上是我说了算。可是如果他不听，那我就忍。

身处婚姻，我经常会换位思考：我对他的要求他做不到，那他对我的要求我又能完全做到吗？

答案当然是否定的。

由己及人，如果你不想在婚姻中天天被对方所要求，那就请先降低对对方的需求。这是维系婚姻的前提。

除此之外，在物质上我可以做到全然令他放心。家里所有卡、存折，乃至房产证上，写的都是他的名字……我始终认为婚姻就是一种托付，是把自己以及自己的一切，都敢于托付给你面前的这个人。你越信任他，他也就越不会辜负你的信任。但凡那些开始出现危机的婚姻，大多是从夫妻二人的猜忌开始的。

因为事业的原因，我每天的工作时间几乎都是从早上九点出门，到晚上十二点才能到家，出差更是家常便饭，偶尔老公也会有些不放心，于是我经常会在公开的场合批评那些婚外恋、三角关系，当然，前提一定是要老公在场。从我的价值观来看，绝不能接受这些不忠和背叛，当着大家和老公的面把这些想法表达出来，就等于又给他吃了一颗定心丸。做妻子真的是一门学问，你要会表达，更要选对表达的时机，这又是一份婚姻加分项。

我一直认为，有一种女人，嫁给谁都可以过得幸福，因为她的快乐建立在自我给予的基础上。我从不认同“女强人一定会处处打压老公”这类的观点，我想，那种所谓的“女强人”也一定不是真正意义上的强大。反倒是一个女人拥有了能力和精神上双重的强大后，会变得包容和接纳，接纳一切好的、不好的，包容他人有棱角的特质，这才是我所欣赏的女强人的表现。

如今我们结婚十四年，一回到家还是让对方觉得轻松舒心，夫妻间不会因为鸡毛蒜皮的事吵架猜忌，女儿也像个永远长不大的小公主，因为老公照顾女儿更多，我会不断地跟女儿说："你要对爸爸好一点，看他对你多好。"从不互相诋毁，保持对彼此的鼓励，十四年营造起的和睦家庭氛围，其实在我的心里比事业的成功更值得骄傲！

事业型女人最傻的，就是因为自身的条件好而去各种折腾老公，人与人之间的关系永远是"镜像原则"，你对他的任何好与不好，他都会用同样的形式回报给你。婚姻如果失去了平等，根本就无法正常维系下去。奉劝各位姐妹一句：瞧不上的男人，你可以不嫁，但嫁了，就一定不要有下嫁心态！

女人因为忍让而廉价

人们将事业女性形容为“女汉子”，我也不例外。身为女汉子一族，我并不觉得羞耻，就像弗吉尼亚·伍尔芙的话：“伟大的灵魂都是雌雄同体。”如果一个女人在精神深处不具备一种男人般的坚毅，那么，生活中这样的女人也注定命苦。

我特别赞同一种观点：善于妥协的女人，是廉价的。

敢于反抗不公平的生活，敢于跟一切磨难对峙，这种汉子气的毅力，实在是让人佩服的。说到这里，不得不提我极其喜爱的词人李清照。

李清照与赵明诚曾是一对志同道合的眷侣，饮酒写诗，古董收藏，为世人所艳羡。李清照一生没有生育子女，在那个“不孝有三，无后为大”的时代里，算是大逆不道了，赵明诚曾跟李清照商量着纳妾以延续香火，但李清照坚决不肯，“要我还是要小妾，你自己选！”

由此可以看出李清照这身上的男儿气。

赵明诚去世后的第三年，因战乱原因，李清照和赵明诚的收藏屡屡遗失。为了保护和赵明诚一生的心血，李清照改嫁给张汝舟，婚后不久她就发现张汝舟人品有问题，他追求自己的目的就是看中了她身边巨大的古董收藏。李清照此时知道自己嫁错人了，也许作为一般女子，木已成舟忍也就忍了，但李清照不是这种肯过混沌日子的人。她跑到官府，举报丈夫贪污军费，营私舞弊，要求“离婚”！宋朝法律规定，如果妻子状告丈夫，不管丈夫是否有罪，妻子都要坐牢。李清照宁肯坐牢也要“离婚”，这气概连男人都比不上。最终还是在众多好友的奔走解救下，李清照才被释放，也终于得以“离婚”。

李清照既有“帘卷西风，人比黄花瘦”这样的清丽妙句，也能写出“生当做人杰，死亦为鬼雄”这样的壮烈诗篇，她身上本来就具备雌雄双重特质。具备这种双重特质的女人，通常在生活中绝不肯忍气吞声地活着！

女人身上一定要具备一些强悍的作风，才能在婚姻和事业中获得更强的稳定感。过去我们说强悍的女人会把男人吓跑，现在来看也不全是这样。我生活中很多优秀的男性朋友最终都选择了女强人做老婆。有这么几个原因吧：第一，强大的女人能担事，家里家外都能搞定。第二，强大的女人不受气，有话直说想啥做啥，相处起来不累。第三，强大的女人没有公主病，不用一天到晚哄着、陪着，她能自得其乐。

别看男人谈恋爱时爱找个萌妹子，又软又嗲，天天像小公主一样哄着。真要说到结婚，通常更爱选择一个女汉子型的姑娘，因为这样的姑娘是有生活能力的。

李清照这样的女人，是用理性来生活，她懂得取舍的智慧，知道怎样的选择是对自己有更长远的价值。忍受婚姻中的不公，虽然也是一种活法，但这意味着今后几十年都得打碎牙齿往肚里咽。不如奋起抗争，短痛胜过长痛。这样的女人也恰恰是男人所敬重的。有时候男人就是爱犯贱，遇到一个软弱的女人，他便爱欺负，用各种方式来折腾她，一旦她反抗了、强势了，他又会乖乖顺从。这就是男人身上一辈子都改不掉的“孩子性”。

通常在婚姻中，一个不肯忍受不公正待遇的女人，性格也更积极健康，这类女人在生活中有原则有底线，是所谓的大女人，娶回家里绝对是福气。我记得一位先生说过：“我就喜欢厉害的老婆，如果我老婆不厉害管不住我，那我会犯错误的。”

世上最厉害的风是枕边风，这话说得真是一点不假。

由着李清照，我又想到了一个故事。

有个女孩结婚第二年，因为一次口角，老公伸手打了她。女孩一边挨拳头的时候脑子里就开始琢磨了：论身高论体力，自己哪是人高马大的老公的对手，想反击也不能啊！

回到房间，这姑娘就开始打电话，把娘家所有的男性亲属都叫了来，表哥表弟叔叔舅舅一下午时间来了十几个人，表哥上来就给了她老公一拳："你刚才打我妹妹了？"老公被这阵仗吓蒙了，不敢言声，一屋子男人对着姑娘说："他刚才怎么打你的，你现在照样打回去！"

在家人的撑腰下，这姑娘狠狠出了口恶气。刚才还嚣张跋扈的老公，此刻一言不敢发。

作为一位母亲，我曾无数次告诉女儿："如果有人欺负你，你不一定要当时跟他动手，但回来一定要告诉我，妈妈会帮你分析问题、解决问题。"

虽然很多教育家不赞同"以暴制暴"，但在很多场合就发现，如果一个人没有脾气，那么别人一定不会只欺负你一次，接下来还会有第二次、第N次！婚姻中更是如此，很多事情，很多委屈，如果你不想一直忍，那么第一次就不要忍！

我也同意"婚姻是恒久忍耐"这一种说法，结婚誓言中所承诺的"互敬互爱、互谅互让"说白了不就是一个"忍"字吗？

婚姻的忍耐，必须是以双方的共同付出为前提。男人为你做了多少，你可以同等付出。他忍了你的坏脾气，你可以包容他的臭习惯，如果忍让的天平失了衡，变成了一方逼迫，一方忍让，这样的婚姻就不存在价值了。

适度的礼让，可以拥有婚姻的安宁，一味的忍让，就等于把婚姻推向了深渊。忍，不等于爱的全部，否则，惯坏了别人，也伤透了自己。

女人什么时候最想出轨？

关于婚外恋这件事，有时候很难去给它下一个定义。它是不道德的，它对于婚姻的毁坏力无与伦比，但同时它又充满着诱惑，它可以让枯萎的精神焕发光彩。——对于那些婚姻之外的情，真的让人两难。

在《廊桥遗梦》之前，大概婚外恋这种事一定是人人喊打的，这部电影一上映看哭了不少人到中年的夫妻，婚内有责任，婚外有知己，人生的两难，越到中年体会越深。我特别欣赏电影里男女主角身上的那种克制，有人说：“爱是什么？爱是想触摸却又收回的手。”这句话形容廊桥遗梦式的婚外情再合适不过。电影的最后，女主角还是选择了坚守家庭，虽然那个男人的出现让她重新追忆了一把青春年少的爱情之梦，但现实是，她是妻子，她是母亲，她有她不得不肩负起的家庭。

如今的时代，已经不能简单地把“出轨”定义成一个男性词汇了，2017年最新的出轨率报告显示，被访对象中，六成男人表示出过轨，50%的女性则表示有过出轨念头。你看，激情谁都想，出轨这件事不分性别。

常年从事女性服务产业，接触的女性朋友很多，各个职业各个阶层各个年龄都有，对她们的生活状态，也多有了解。我发现，女人有几个阶段，是比较容易发生“故事”的。

在三十、三十五、四十岁……生日的转折点

人都很奇怪，常常有一种“逢五盘点”心态，就说我吧，每每到了逢十、逢五的生日，都会格外庆祝，也会反思自己：“我这五年都干了些什么？我对我自己的生活满意吗？”

有专家说，女人会定期检视生活，反思爱情，一旦发现不如所愿，很可能就会通过重新寻找激情的方式来一次生活大洗牌。也有很多调查发现，女性在生日前后发生外遇的可能性是平时的三倍。三十岁后的女人每过一次生日都感慨一次“青春又老了一岁”，出轨有时候恰恰是一种渴望留住青春的潜在心理。

三十岁出头的女人

女人一生最美的几年，不在二十岁左右的青春少女期，那时候虽然满脸胶原蛋白，气质还是显得青涩的。只有经过了岁月的历练，变得适度成熟，女人味才能随之而来。在男人眼里，最有韵味的女人是三十出头的女人，此时她们年轻，没有了涩味，她们经历过感情，知道进退，很多中年钻石王老五选择伴侣的标准不是二十几岁的小女生，是更青睐三十出头的轻熟女。这就不难理解为什么三十出头的女人出轨率更高了，成熟了，有魅力了，面临的诱惑也更多了，能否把控住自己的心，这就是对女人的巨大考验了。

有了孩子后的前三年里

很多人可能会纳闷：女人当了妈妈之后不是应该所有心思都放在孩子身上吗？怎么还会有时间有心情去出轨呢？

这就是婚姻中很尴尬的一个问题了：怀胎十月，不能有太多亲密的夫妻生活，导致感情疏远，这是男人出轨的高发时期。女人产后，两个人的精力都放在孩子身上，很多夫妻还会因为照顾孩子而开始分床睡，感情开始越来越淡。感情这件事很奇怪，一旦疏远了，再想重归亲密就很难，再加上女人产后会对自己的形象缺乏自信，如果这时候老公对她不冷不热，为了急于证明自己的魅力，就很容易去外面寻找肯定感了。

无论男人还是女人，都需要明确一点：夫妻关系大于亲子关系，如果当你们的亲子关系大于夫妻关系之后，必然是会出问题的。

四十五岁左右

为什么说四十五岁左右的女人出轨率高呢？这跟女人体内的激素变化有关。到了四十五岁，女性体内的睾丸激素比例增加，雌性激素相对减少，此时女人反而有更多性冲动，但同龄的老公体能已经开始走下坡路。如果是事业女性，到了这个年纪通常已经打下了一片天地，孩子逐渐长大也不用太操心了，此时的女人对于自己的能力、气质有了更强烈的自信，反而魅力横生。尤其是一些年轻男人，特别欣赏“中年姐姐”身上的这种从容淡定，不少人也会展开疯狂追求。这种激情也好比是一针强心剂，让四十五岁左右的女人重新感受到了青春的燃烧感。你看现在娱乐圈中的很多女星都嫁给了比自己小十岁乃至更多的小鲜肉，其实就是源自女人四十岁后特殊的身体激素和心态变化。

说这么多只是想给姐妹们提个醒，不妨对照一下自己，就算是内心有了一些隐隐的冲动，但是没关系，我们要先了解自己是到了哪一步状态，才能制定好的对策，以应对突如其来的故事。

其实感情这种事，无法控制，也没法简单地靠人力去解决，我深信一点：一个生活充实而丰富的女人，抵御诱惑的能力就会增强。

同样是2017年的出轨率调查中显示：在被访对象中，出轨率最高的女性群体是全职太太，占到了出轨人群的67%，原因是为了寻找精神刺激。

当我看完这份数据，真是由衷地感慨：女人必须得有价值感的来源，否则就会从其他不健康的渠道去获得满足感。

我一直都建议女性朋友要有“三个一”，拥有它们的女人，生活不仅丰富，而且能抵御诱惑：

一份你为之奋斗的事业。女人一定要有事做，不然就容易没事找事。这是一个亘古不变的道理。不一定非得把这事业做得多大，只是要让自己忙碌起来，不断在努力中获得价值感。无价值感的女人容易出现各种问题，不只是出轨。梦想一定要有，并且要尽可能的去实现它。

一个令你愉悦的爱好。没有爱好的人是枯燥乏味的，女人更是如此。不论是简单的瑜伽，还是极限的攀岩，或是传统的针凿，女人一定要有自己倾心喜欢的东西，只要跟自己的爱好在一起，时间都会过得有意趣。

一个稳定的朋友圈子。可以是三五闺蜜，也可以是一二知己，一定要有自己可信赖的朋友。有烦恼的时候可以跟他们倾诉，有快乐时可以与之一起分享。女人一生中，不是所有的一切都要跟丈夫去谈论，过度的跟老公倾诉一切，反而是一种家庭压力源，让他对你避之不及。朋友不同，不同的话题跟不同的朋友说，反而更能打开思路、有豁然开朗的心境。

欲望与生俱来，但人的一生是不断与欲望交战的过程。如果一个女人不能很好地控制和管理欲望，那么她离幸福也会很遥远。

为什么你一离婚就后悔？

某天打开电视机，恰好听到一位女孩正在读汉乐府的《上山采蘼芜》，这首诗讲的是前妻前夫相遇的故事。

上山采蘼芜，下山逢故夫。
长跪问故夫，新人复何如？
新人虽言好，未若故人姝。
颜色类相似，手爪不相如。
新人从门入，故人从閤去。
新人工织缣，故人工织素。
织缣日一匹，织素五丈余。
将缣来比素，新人不如故。

故事大意是说，有个女人偶遇前夫，忍不住问“听说你娶了新太太，她怎么样呢”？

老公回答：“新太太虽然也不错，不过还是不如你。虽然论漂亮也不比你差，始终不如你能干。想想还是故人好啊。”

这首诗很有意思，一个离了婚的女人，遇见前夫，开门见山就问“你的新太太怎么样啊”，这是一个女人的自信，当然还有一点挑衅的意味。通常生活中的男人遇到了这种情况，一定会怼回去：“很好啊，好得不得了，至少比你好！”不论幸福与否，男人此刻都不愿失了面子。

但诗中的男子却没有这么作答，他不断称赞前妻的相貌和能力，前妻听罢，心里当然舒坦。最后更是来了一句“新人不如故”，坦荡直言，接下来的故事没有写，是不是故事的最后会跟前妻说“我们和好吧”，后人不得而知，但让我们看到了古人在旧爱重逢时所表现出来的坦诚一面。

回到如今，旧爱回头的故事也不少见。经常在网上看一些故事，有人问过：“男人离婚后会是什么样子的？”

有亲身经历的网友们就作答了：

“离婚后不会像女人那样又哭又闹，还是会像没事人一样生活，甚至过得比以前看起来还要体面。只是过了很久，身边朋友问‘你怎么还不再婚’？我会摇摇头说‘不想了，怕再度伤心’。”

“经历过一次失败的婚姻后，再找媳妇，长得好看只是可有可无的一条了，更看重的是性格要好。但有时候找了半天，还是找了个跟前妻性格一样的。”

“白天硬如铁，深夜玻璃心。我离婚的第一个星期，酒量一般的我喝了十多瓶二锅头。”

……

看到了这些，女人们不知内心是得意还是心酸呢？我们都在聊离婚率，北上广的离婚率都已经超过了40%，但那天无意间听一位专家说起：“现在离婚率高，其实复婚率也挺高。很多夫妻折腾了一圈，最后还是跟原配破镜重圆了。”

离婚夫妻复婚的原因不外乎几点。

为了孩子能有个完整的家庭。所有的离婚事件中，最大的受害者是孩子，成年人适应变化的能力相对较强，孩子却无论在心理和生理上都很难彻底抵御父母离婚所带来的变化和伤害。很多孩子在父母离婚后开始变得偏激或自卑，甚至开始自我封闭，如果父母不及时调整孩子的状态，容易给孩子留下终身的性格阴影。很多夫妻一旦离了婚，在看到孩子日益沉默寡言之下，就很容易想到复婚的事了。

过了气头儿火，发现原配还不错。现在冲动离婚占离婚数量的比率越来越大，一言不合就离婚，待到气消了突然就懊悔了。这时候一旦有一方有示好表现，另一方也就就坡下驴了。

二婚时发现可选对象的范围变得很小。中国传统婚恋思维中，一般二婚只能找二婚，除非个人条件极优秀者。男人女人再度寻找结婚对象时，会不自觉地参照之前伴侣的标准，我身边很多姐们儿离婚后再婚特别难，不是因为她们条件不好，而是她们总想找个比前夫更好的，否则二婚还不如一婚，多丢面子。但随着年龄增长，可选择的优质对象毕竟越来越少，在相亲屡次碰壁后就会选择复婚，毕竟转来转去发现那些可选择的对象还不如前任。

离婚前的各种不顺眼都是因为攀比。人性很奇怪，拥有一个人的时候，只会盯着他的缺点看，一旦失去了，却开始关注他的优点。生活中很多夫妻对婚姻不满意，都是因为攀比所致，总觉得“别人家老公”“别人家老婆”都是完美无缺的，其实离婚后冷静一想，这都是自己给自己吃的迷魂药。

习惯比爱情更坚固。很多夫妻复婚时，总爱拿孩子当借口，说“为了孩子，就再试试吧”，其实真相是，他们原本就互相离不开。维持婚姻的不是爱情，是彼此积累起的生活习惯。你不爱一个人，也可以跟他好好的生活，但仅仅有爱情，生活上却各种不和谐，这样的日子就没法过了。多年的夫妻养成的生活习惯，比爱情更为牢固，会让人在分开后出现各种不适应感，有些夫妻离婚后突然大病一场，就是因为生活习惯的改变导致身体出了问题。所以中年夫妻真的不要轻易离婚，否则接下来生活的改头换面，你要先做好心理准备。

说了这么多，复婚后是不是就万事无忧了呢？

答案当然是否定的。在婚姻中，如果当初导致离婚的源头问题没有解决，那么即便复婚，接下来还有可能会再度离婚，所以要谨记一些相处的必要原则。

沟通原则

人与人之间的矛盾80%都是沟通不畅导致的。你不说，他不懂，矛盾由此产生了。夫妻间要养成一种沟通习惯，每天要留出足够的时间聊天，谈谈婚姻，聊聊孩子，回忆曾经美好时光，总之要聊些正能量的话题，以帮助彼此重新回归温暖的家庭归属感。

冷静原则

破镜重圆也会有裂痕，人是感情的动物，感情伤口的愈合需要时间。经过了波折之后，要懂得给对方时间和空间，不要一下子就要求重回曾经的热恋美好期。在这个过程中，要心平气和，不要过度干涉对方的一些生活细节。只有理性的人才能真正解决问题，感情也需要冷静期才能愈合伤口。

提升原则

一方提出离婚，其实是对我们每个人的提醒：我们该提升自己了。现实就是如此，如果你足够优秀，不论生活中犯了多大的错误，伴侣也不会轻易提离婚，因为每个人都会考虑离婚的成本问题。一方轻易就把离婚说出口，可见你在对方的心目中价值感不高。这是个契机，提醒我们要再度努力，提升自己，这样才能在感情中占有更多的主动性。

但凡有婚姻阅历的人，对于这些话题总是感触很深。人性都是贪图新鲜的，也总渴望着能不断过上更好的生活。我们对婚姻的一切不满意，有时候是源自对未知生活的一种假想。我们总觉得“别人的婚姻那么美，我却过得那么惨”，实则，也许你的婚姻也正被他们所羡慕着。你梦想中的那种美好生活是不是真正存在，这是个值得思考的问题。

好的婚姻
就是好好说话

某次大家一起探讨维系感情最重要的东西是什么，有刚刚新婚的女孩说是“浪漫和情趣”，也有正经历七年之痒的太太说是“责任感”……不同婚龄的女人对这个问题，有着不同的看法。要我说婚姻中最重要的是什么呢——首先，得好好说话吧。

有婚恋专家说：“夫妻间的问题，80%源自沟通的问题。”

我非常赞同。再好的感情都敌不过不好好说话，如果仔细去看，会发现夫妻间最大的矛盾大多是从聊天时随便说话开始的。

曾几何时，热恋中的你们都会想方设法照顾对方的情绪，说话之前总要思虑再三，一条信息也要删了改、改了删，生怕哪个措辞不好让他对你失去了好印象，那时的你们总在不断地彼此赞美，你们都深信自己在对方心里是独一无二的完美存在。

直到后来，时间慢慢冲淡了激情，你们不再那么顾忌对方的感受，说话也开始随随便便，恶语伤人不断。你们都说对方变了，可是仔细体会一下自身的一言一行，改变的又何尝只是对方？我们都在改变，从精致到疏懒，从用心到散漫，这就是婚姻中巨大的杀手。

通常婚龄久的人都会渴望找到保鲜婚姻的办法，其实这也真的不难，一份长久不降温的感情，真的要从好好说话开始。

我想先分享几种我所认为的错误的说话方式。

例如：“行行行，你都对。”“你爱干嘛干嘛吧。”“吃什么？随便吧。”

从表面上看，这是一种对你的赞同，实际是一种消极的赞同，从语言学来看，消极的赞同有时候比积极的反对杀伤力更大，因为它代表的是不关心、不参与。生活中很多女人爱作，一天到晚作天作地，周围人都说她不惜福。往往爱作的女人背后，就有一个类似于这种爱敷衍她的老公，有时候女人的作，其实是一种索要爱的方式，是希望男人能给她进行更有温度的互动。

例如，“这件衣服多少钱？”“你们刚刚吃饭花了多少钱？”“你哥们儿这笔生意赚了多少钱？”

开头先谈钱，真的是很多女人特别不好的一个说话习惯。当然这类女人也不一定都是吝啬小气，只不过这是一种口头习惯。这种表达，真的会给对方留下很现实很功利的印象。中国人普遍喜欢关注钱的问题，到了国外也总爱问人家月薪多少？房价多少？每每令很多外国人感到诧异。在国外收入是个人隐私，经常询问别人钱的问题，是极没礼貌的表现。对于开头就是“钱”的说话方式，必须立刻纠正。

例如，“我爱你，但是……”“……但是，我爱你。”

看懂这两句话了吗？前一句被认为是最伤人的一句话，而后一句则被认为是最感人的一句话。原因就在于，前一句的意思是，不论有多爱，但是你依然有那么多让我不满意的地方。后一句的意思则是，虽然你有那么多让我不满意的地方，但是我依旧爱你。同样的词语排列，语序不同，表达出来的意思也是天壤之别，对方听在心里自然感受也是巨大的反差。最好的说话习惯，是要学会肯定和鼓励对方，没人真正喜欢和天天打击自己的人在一起生活。你又不是魏征，不需要进谏唐太宗，没必要天天把良药苦口的道理挂在嘴边。女人是否旺夫，跟她是否能多鼓励老公直接相关。

例如，拒绝沟通

我认为这一条才是夫妻关系中最大的杀手。是的，他们不吵也不闹，彼此不聊天不沟通，任何的话都憋在心里，任何的不满也从不发泄。我们都说天天吵架的夫妻不会离婚，因为不满发泄出来了，吵架也是一种婚姻排毒，从不沟通的夫妻离婚的几率则会更高。见过不少夫妻，一个星期也说不到十句话，平常各干各的，在外聊天聊够了回家直接睡觉。试问，这样名存实亡的婚姻又有何意趣？想想接下来还要熬过的几十年，不由得悲从中来。

……

每个人的痛点不同，对于沟通中感受到的问题也不尽相似。婚姻中的沟通学，往往有其相似性，在这里先给大家推荐几种有效的解决夫妻沟通问题的诀窍。

愤怒的话缓缓再说

我们都有情绪激动的时候，往往那时候说话的特点是口不择言，怎么过瘾怎么说，此时的表达，更多的是一种情绪宣泄，对于解决问题不仅起不到任何帮助作用，反而会火上浇油。请注意，当你遇到紧急的事情，或是怒火中烧时，别急着表达，在心里给自己数数“一二三……”尽量先让自己的节奏慢下来，这是一种很好的平复情绪的方式。当遇到急事时冷静三秒钟，有助于做出更理性的判断。毕竟，镜子破了恢复不了原样，一句恶语虽然痛快，它的负面后果也许是一百句好话都弥补不了的。

能笑着说就别怒着说

人非圣贤，孰能无过，谁身上都有缺点。家人之间的错误和缺点，需要提醒的时候，要学会委婉和幽默地说出来，既点到了对方的痛处，也没让对方失去面子。很多人认为家人之间不用顾忌面子问题，那样会显得虚伪又生分。其实我倒觉得，如果亲人之间也能像朋友一样相处，兼顾彼此的尊严，有互相尊重的礼仪，那么家庭矛盾就会大幅减少了。有时候太过亲密反而会让人说话不过脑子，而不过脑子的话，多半都是伤人的。

你的捕风捉影会让他变成“骗子”

夫妻间的信任极其重要，信任一旦打碎，再想重建就很难了。女人天生缺乏安全感，敏感神经又格外发达，一旦有点风吹草动就爱抓着老公各种盘问。你这是在锻炼他的说谎能力，他为了换回你的信任和婚姻的安宁，只能挑你爱听的说，久而久之，男人撒谎成了惯性，你的婚姻就危险了。如果对有些事情不够确定，也没有足够的证据时，要么就别说，要么就确定后再说。同样一件事从不同角度看，观点会截然不同，不假思索地捕风捉影，有时候反而祸从口出。

抱怨是最可怕的情绪污染

祥林嫂的经历这么可怜，为什么没人同情她呢？就是因为她把自己的悲伤过度宣泄，反而造成了一种人际关系中的情绪污染。你的悲伤，可以说给人听，但不能没完没了，因为我们交朋友都想交正能量的朋友，天天把自己家里那点破事儿拿出去烦别人，这种负能量的倾诉，会让大家疏远你。请记住：你的笑容可以传递给世界，但悲伤请留给自己。

夫妻间的沟通并不复杂，关键就是要学会体谅。这世上没有两个绝对合适的人，也没有谁是天生就能懂你的所有，大家都是在漫长的岁月里把彼此间不合适的棱角一点一点磨平的。难免有分歧，难免有争执，但请保持准备好耐心沟通的姿态，这才是婚姻得到长久幸福的关键。

那些能够一直恩爱到老的夫妻，他们的爱情没有那么多惊天动地的浪漫，说白了，他们也只不过是掌握了好好说话的秘诀而已。

“4rong女性提升法”第四则

融她说：成为一个有大未来的女人

我深知自己肩负着不同的社会职责：
是女人，也是妻子，更是母亲……
家庭未来的走向，孩子的未来发展，我有着极其重要的决定作用！

融，指长远、永久。又大明亮之意。

在我的理解中，有长远目光的人，才有光明的大未来。

一直以来有两个故事让我印象深刻。

其一。

春天的时候，两位事业有成的男士结伴踏青，游览至一处寺庙，只见庙前围起了围栏，有小和尚拿着锄头在忙着锄地。

其中一位先生就问小和尚："你锄地干什么？"

小和尚答："锄地种花呀。"

这位又问他："种花干什么？"

小和尚答："种花为了好看呀。"

二位继续往庙里走去，走到里面的一处禅院，又见围起了一道围栏，有个眉毛花白的老和尚也在拿着锄头锄地栽苗。

另一位先生就问老和尚："师傅，你也在种花吗？"

老和尚答："不是，我在种树。"

这位先生不解："种花既能美化寺院风景，而且明春就能看到花开满眼。可这小树苗要想长成参天，还不得一二十年的工夫啊……”

这位先生的言外之意是：您这么大岁数了，还不知道能不能等到这小苗长成大树那一天呢！

老和尚微微一笑：“不论十年还是百年，树木种上了，就有成材的一天。即便我不在了，种满大树的寺院，也可造福数代后人。”

刚刚这位先生听了这话忽然汗颜：自己眼中只有当下，而老和尚则心中装着未来。

其二。

1985年，牛津大学的百年大礼堂的二十根横梁被发现已经腐化，需要及时更换。但难题随之而来，想要保持大礼堂三百五十年以来的原貌，就只能用同样的橡木更换。而这么巨大的橡木价格极其昂贵，每棵就要二十五万美元，这可难坏了校方。正在一筹莫展之际，学校的园艺师来找校长，原来，三百五十年前，大礼堂的建筑师就已经考虑到了将来后人有可能会遇到的难题，早就已经请园艺工人开始在学校周围的土地上种植了一大片橡树。经过世世代代园艺师的努力，如今每一颗橡树都已经长成了横梁需要的尺寸。

所谓十年树木，这两个故事里，给出了最好的诠释。对于人的教育，则比种树有着更长远的意义。

我们都知道孟母三迁的故事，为了让儿子有个良好的学习环境，孟母三度搬家，最后在学校附近安定下来，此后孟子学到的都是礼貌相待之礼，终于成为儒家文化的一代宗师。每个人在社会中的不同成就，取决于眼光的长短。孟母能看到儿子的未来，也因此成就了一代大思想家！

我经常说，孩子在思想还没有真正独立成熟的时候，是父母在帮助他们选择人生。往往孩子童年时养成的习惯，决定了他们未来一生的方向。作为女人，我深知自己肩负着不同的社会职责：是女人，也是妻子，更是母亲……家庭未来的走向，孩子的未来发展，我有着极其重要的决定作用！

因此我不敢随意的对待孩子每一天的成长，我把这当成是一件非常郑重的事情来对待。因此，对于教育，我充满敬畏心。也因此，我希望更多的姐妹和我一起拥有“大未来意识”。

跟中国妈妈第一榜样学教女之道

某次我们几个做了妈妈的姐妹聚在一起，聊到自己心中的“妈妈榜样”时，我脱口而出：“当然是倪桂珍啦！”

她们都笑了：“哈哈，你是羡慕她把三个女儿都嫁进了顶级豪门吧？”

我答道：“当然不是。如果一个母亲的成功，仅仅只是帮助女儿嫁入豪门富家，那么这是侮辱了‘母亲’这个高贵的称呼。”

或许是她的三个女儿太过优秀，掩盖了倪桂珍作为母亲的光芒，以至于后人很少去关注她的生平，其实细细来看她的一生，堪称女人最优秀的范本。

倪桂珍生于书香门第，父亲是著名学者，母亲是官宦小姐。倪家思想开明，女孩也与男孩一样接受教育，十七岁时的倪桂珍已经是英文、数学、钢琴样样精通的白富美典范了。因为受的是西式教育，倪桂珍从小就有主见，绝不缠足，立志做个新女性。因为爱女心切，父母也就顺了女儿的意。但长大后就遇到麻烦了，因为在传统中国观念中，女人不缠足就有“不守妇道”的嫌疑，虽然倪桂珍品貌学识家世无一不好，但很多门当户对的家庭依然不敢上门求亲，怕这样的媳妇“管不住”，于是她的婚事就一拖再拖，直到拖成了“剩女”。

当然，倪桂珍并非真的嫁不出去，也跟她在婚姻问题上的不将就有关。幼年时她曾订过一门娃娃亲，但她坚称一定要嫁个喜欢的人，宁可一辈子单身，也不向旧式包办婚姻妥协！

女孩子有这样坚定的主见，这在当时的历史环境下，算是相当另类了。大概是遗传了母亲的性格，后来倪桂珍的三个女儿在婚姻问题上都遭到过父母的反对，但又最终坚持了自己的主见嫁给了自己中意的人，这才成就了中国历史上的一门传奇。

白富美出身的倪桂珍，最终选择了出身平民、其貌不扬的传教士宋耀如。据说，他们是一见钟情，虽然宋耀如收入实在微薄，但他作为留学生，见识和志向都令倪桂珍欣赏，相识两个月，倪桂珍就“闪婚”嫁给了宋耀如。

都说好男人是女人培养出来的，倪桂珍就属于典型的“旺夫女”，婚后她不断用爱和尊重鼓励丈夫，宋耀如的事业自此一路风生水起，后下海从商，一发不可收拾，成了当时上海滩有名的实业家。后来宋耀如评价倪桂珍时说“一个女人敢自己选择爱人，这在东方、在中国简直是不可思议的”。

都说有其母必有其女，看了她的经历，就不难理解为何倪桂珍能培养出这三个大名鼎鼎的女儿——宋氏三姐妹。

后世人对于宋霭龄、宋庆龄、宋美龄的认识，多半是觉得她们嫁得贵婿。仔细研读这三姐妹的生平，发现她们个个有着过人的才智。

宋霭龄是中国第一个正式出国留学的女性留学生。宋庆龄不只是孙中山的妻子、秘书，也是他的顾问。宋美龄抗战时在美国国会的七场英文演讲曾震动全美。

除了三个女儿，倪桂珍和宋耀如还有三个儿子，宋子文、宋子良、宋子安，虽然这三个儿子的知名度略逊于三个女儿，但绝对是民国时期响当当的人物。这就值得所有做父母的细细来思索了，这么出类拔萃的六个孩子，到底自小接受了怎样的家庭教育呢？

第一，规则是骨架，无骨架不能成人

对孩子的教育，因为宋耀如秉承的是西式教育理念，鼓励孩子多玩耍，以释放天性。倪桂珍则赏罚分明，坚持“无规矩不成方圆”。

都说母亲更容易溺爱孩子，但宋家是典型的“严母慈父”，倪桂珍认为娇儿难成大器，家庭规则一旦制定，必须严格执行。她绝不允许孩子饮酒、赌博，女孩子更是得站有站相，吃有吃相，衣着发型必须得体，我们在照片中看到的宋氏三姐妹，永远是一丝不乱的盘发，精致合身的旗袍，这都源自母亲当年严格的家教。

第二，传统女学绝不落于人后

在我眼里，倪桂珍是一位非常棒的“女学教育家”，她极为注重女孩子的动手能力。虽然宋耀如那时已经是成功的商人，家境殷实，但倪桂珍一定会亲自教女儿们下厨做菜，还专门请师傅教三个姑娘针线女红。三个女儿从小便学习持家能力，以求可以应付生活中出现的各种问题。我们现在看到很多影视作品中，似乎古代的豪门小姐都是衣来伸手饭来张口，这是严重的误读。历朝历代，越是豪门官宦人家，越注重女儿的动手能力，女孩子从小就要学习女红、裁剪、烹饪技能，林语堂先生的《京华烟云》里，住在王府花园里的姚木兰，做菜一绝，煎炸炒烹样样拿手，点心甜品做得比婆家的厨娘还要好，这才是真实的豪门小姐的样子。古人总觉得，女儿终究是要嫁人的，去了别人家里，如果没有一技之长，会受到婆家的鄙视。越是豪门越注重女孩的教养，所谓的富养女儿，其实是教给她更多的生活技能，这是对女儿更长远的一种爱护。

第三，爱的教育，从感恩之心开始

除了传统的女学技能，从小受西方教育长大的倪桂珍特别注重对女儿进行“爱的教育”，她认为人必须要有感恩之心，才能够有大的格局。倪桂珍时常周济穷人，给贫苦人家送粮送衣，身为豪门阔太，也会帮忙照看村里有病的孩子，还开设课堂，给没读过书的人讲授卫生健康常识。这都在无形中影响着孩子的价值观。现在很多父母天天对孩子说着“要友爱、要善意”，可一扭脸，对弱势者冷漠，对陌生人粗暴，试想这样的身教者，如何可能培养出善良的子女？所谓的身教于行，从来不是一句空话！

倪桂珍对于女儿的培养，既结合了中国传统的女学技法，又兼收了西方的女性教育思潮。从最初孩子咿呀学语开始，宋耀如和倪桂珍就为孩子们诵读英文幼儿读物。精通钢琴的倪桂珍更是孩子的音乐启蒙教师。虽然宋家的生意越做越大，但宋耀如和倪桂珍，从来不曾疏懒过孩子的教育问题。

宋家的早教非常成功，也许很多人觉得这对父母有点狠心：宋霭龄才五岁时就被父母送去寄宿学校，十六岁时正式出国。宋美龄出国读书时还不到十岁，而且一去就是十年。

但恰恰是更早的让孩子适应群体生活，才培养了女儿们超越其他同龄人的独立性。也正是倪桂珍在关键时刻对女儿的狠心，成就了三个卓越不凡的时代女性！

有趣的是，都说女儿的婚姻会是母亲婚姻的翻版，和倪桂珍当年一样，女儿们的婚姻选择，也和母亲一样有着自己的固执。宋庆龄与孙中山相差二十八岁，天下大概没有父母会支持这样的结合。

蒋介石当时离过婚，名声也不太好，倪桂珍就更不同意如花似玉的美龄嫁给他。但她们都如母亲当年一般倔强，宋庆龄不惜离家出走，宋美龄软磨硬泡还搬来大姐霭龄做说客，这两段倪桂珍很不情愿的姻缘，最终也得成眷属。只能说，倪桂珍把女儿教育得太过独立，太有自己的思想主见，或许这也是一种母女性的传承吧。

从倪桂珍到宋氏三姐妹，这是一个非常典型的母女传承案例。你会发现，母亲身上的优点乃至特点，不仅传递到了女儿身上，并且由女儿的一生继续扩散乃至光大。这值得每一个家有女儿的母亲去习读。都说母亲是女儿的一位人生榜样，一般来看，孩子六岁起就已经树立起了性别永久性意识，从这个时候起他们开始明确地知道自己是“男孩子”“女孩子”，并且开始有了性别害羞意识。此时的女孩子，就会开始无意识地模仿母亲的言行举止，母亲的穿着打扮，言谈方式，乃至思想意识，都会影响到女儿，所以我们经常看到很多小女孩会偷用妈妈的化妆品、偷穿妈妈的高跟鞋，遇到情绪暴躁的妈妈就会直接给孩子一顿暴揍，其实呢，这是女儿想要成为妈妈的样子，是把妈妈当偶像的表现。宋氏三姐妹即是如此，从小便仰望母亲、效仿母亲，直至后来超越了母亲。看到女儿长成比自己更加优秀的样子，应该是所有母亲一生最幸福的事了。

不论哪个时代，“鸡窝飞出金凤凰”的案例其实并不多见，也许很多女儿长大后可以职场平顺，事业有成，但她自小与母亲一起养成的习性和思想，从不会改变。母亲的思维影响着女儿的格局，母亲的习惯决定了女儿的未来。很多女儿随着年龄渐渐增长，会变得跟妈妈越来越像，不止容貌上的，更是身形气质和生活方式上的。所谓的“母女连相”，其实就是一种家族传承。

很多嫁女儿的妈妈常说一句话：“我费劲心血养大的女儿，可不是嫁给别人做保姆的！”

就请记住一点吧：如果妈妈活得足够女王，女儿将来万万没可能成为女仆。如果母亲一直是女仆状，即便再娇生惯养的女儿，都有可能成为妈妈的翻版！

女人这一生，要教育子女，先从教育自己开始。每一个优秀的母亲，首先，她会是足够优秀的自己！

为啥你的孩子不优秀？
——因为你没有做好他的“自信教育”！

有个姐姐最近因为儿子的事愁坏了。

十一岁的儿子脸上长了一颗挺大的青春痘，这一下不得了了，坚决不去上学了。父母当然不能同意了，青春期的孩子长青春痘这是多正常的事儿啊，怎么能脸上长颗痘就给自己放假呢？又不是什么大病。儿子反应很激烈，虽然最后也背着书包扭扭捏捏出门了，下午老师打来电话，说孩子今天旷课了，当妈的气不打一处来。给儿子打电话，不接，只回过来一条短信：“我去朋友家住了，你别找我了。”父母又气又急，可也无奈，直到一周后儿子的痘痘消了，才拎着书包回家、上学。

她说起来眼泪汪汪的：“这么大的孩子怎么就不学好呢？一个男孩子天天光盯着脸看，以后能有什么出息啊！”

我跟她说：“孩子这个行为，恐怕不仅仅只是出于爱美。”

大多数的父母，并不真正了解孩子的心理。在教育学中发现，自信心对于孩子的成长是极为重要的，这在很大程度上决定了孩子的未来。换言之，一个孩子对于自己的自信程度，决定了他未来能成为什么样的人。

孩子大约从五岁开始，就学习用特定的方式判断自己的优秀与否。比如他们会给自己的外貌打分，有些孩子这时候会开始不断地问妈妈“我漂亮吗”；再比如自己是否受欢迎，小朋友们是不是喜欢自己；自己的有没有特长、有没有别的小朋友不曾拥有的玩具等。这个阶段会持续到十二岁，此时的孩子开始特别注重他人的评价，别人一句“你真丑”“你真笨”也许就会让他们哭得稀里哗啦，这是孩子自信心开始成长的最初阶段。

孩子在小学毕业升初中的时候，最容易有自卑情绪，一则是学习环境的变动所致，二则是青春期的敏感反应所致。

很多校园环境中的孩子喜欢攀比和开玩笑，比如会给班里长青春痘的同学起外号，也会故意让老实内向的孩子出丑。这是孩子的顽皮心，却无形中让敏感的孩子更敏感。

女儿也曾有过厌学的阶段，有时候也会说“不想上学”之类的话，问及原因她并不会正面回答，我就知道这是在学校里发生了不愉快的事情。在跟老师沟通的同时，我也会不断鼓励她，专挑她身上的优点夸，这其实是一个给孩子培养自信心的过程。

身为父母，都该学习一些基本的教育心理学知识，有时候一些看似无意的行为，都有可能伤害到孩子的自信心。生活中80%父母可能都会犯这几个错误，而它们也许就在无形中挫伤了孩子的自信心。

错误一：总是当着别人的面催促孩子“守礼貌”

“这孩子真不懂事，快叫叔叔叫阿姨”“怎么春节也不主动给老师拜年呢，多没礼貌啊”……中国父母总觉得礼为万事先，把孩子培养得懂礼貌，是首要责任。这种训斥加催促的方式很容易刺激到孩子的自我保护机制，增加他对于对面这个人的戒备心，尤其在孩子懂事之后，还容易损伤到孩子的自尊心。

正确的做法是要引导孩子去打招呼“这位是张叔叔”“过年了咱们要不要给老师拜个年呀？”但一定不要因为孩子不愿打招呼，就急着给他们贴上“没礼貌”的标签。

错误二：发生矛盾时，哥哥姐姐必须让着弟弟妹妹

尊老爱幼当然是美德，但在没有了解对错是非的前提下，就强迫孩子认错和礼让，这是对孩子物权观的一种损害。久而久之会降低孩子的自我认同感，也会产生“我不被爱”的委屈心理。

现在很多孩子都激烈反对父母生二孩，就是因为社会生活总要求他们必须让着弟弟妹妹，这会导致他们对于比自己年龄小的孩子产生仇视。谦让本是美德，但不分辨对错的谦让，则太伤孩子自尊。

错误三：父母太谦虚，从不当众承认孩子的优秀

当孩子被别人夸赞，很多父母会立马谦虚地说“他哪有那么好，比您家孩子差远了”。

虽然这只是成年人之间的客套话，虽然自己的孩子被表扬，父母心里也会美滋滋的，但中国人的低调和谦逊，就是不肯在人前表扬孩子。孩子的认知体系相对狭窄，大多来自于父母亲友对自己的评价，大人的肯定或是批评影响着孩子对自我的评价。父母要学会在人前肯定和表扬孩子，这会树立他的自尊感，当然，一定是要孩子做了值得表扬的事情时。

错误四：不允许孩子直接拒绝他人

这也被很多父母归为“不礼貌”的范畴，比如小朋友想来家里玩，孩子却反对，有同学看上了孩子的玩具想拿走，孩子坚决不同意，这时候父母会批评孩子，甚至来上一顿打骂，最终孩子哭、父母也心疼。不要以为父母的这种做法是正确的，这是在给你的孩子植入“老好人”的错误价值观。如果一味照顾别人的情绪，就会忽略自己，这会降低自尊感，很多成年人不懂得爱自己，也是跟小时候父母的这种教育有关。

正确的做法可以是“哥哥要午睡了，丹丹下午再来玩好吧？”“这是姐姐最喜欢的玩具，你经常来家里和姐姐一起玩好不好？”……父母要用坚决的态度、礼貌的语言拒绝对方的一些要求，才能帮助孩子树立自尊感。

这些是身为父母经常会犯的一些错误，其实还有几点可以帮助孩子培养自信心的方式，希望每一个父母都能谨记。

不要在人前教育孩子

“人前教子，背后教妻”是古训。我一直觉得，但凡孩子都会有这样或那样的小问题，如果在人前看到了比他们更优秀的同龄人，抓住机会给孩子一些必要的提醒：“看，人家小哥哥自己吃饭多棒啊！”“咱们也学学小姐姐那样主动喊‘叔叔’‘阿姨’好不好？”这能对孩子起到一种榜样的力量。

当然事无绝对，有些父母的“人前教子”，已经不是简单的教育和提醒了，他们更喜欢用呵斥和贬低的方式去教育孩子：“你这孩子怎么那么笨，看看人家多聪明！”“你家孩子多优秀，我们这孩子学习就不长脑子！”即便是教育自己的孩子，父母也应该注意说话的语气和方式。我们发现，如果父母长期习惯性、不分场合地批评指教育，并且总是使用伤害自尊的词语，孩子长大后性格容易畏首畏尾，无所适从。长期在外人面前用严厉呵斥的语气教育孩子，严重影响自信心的建立，孩子会产生对父母的抵触行为。为人父母，真的不应该仅仅把孩子当成“孩子”，有时候要把他们当成朋友、成年人来对待，在公开场合下也适度地照顾到他们的自尊心，这更有利于孩子树立自信。

孩子犯错不要只是一味批评

一个人最好的成长就是犯错，如果一个孩子从来不犯错误，那么他抵御风险的能力也会很差。不要孩子一犯错误就急着批评，允许孩子犯错误，是父母帮助孩子构建自信心的关键，还能有效提高孩子独立解决问题的能力。除非是孩子犯了违背道德底线类的错误，这时候一定要严加管教，比如暴力、偷窃、撒谎等。除此之外，犯点小错，父母不妨先忍忍再教育。

遇到困难要多鼓励

挫折伴随着孩子一生，有些人面对挫折的反弹力很强，有些人就一蹶不振。这就源自小时候父母的鼓励教育。经常鼓励孩子的父母，会激发孩子的自信心，让孩子相信自己的能力，即便遇到一点小问题，也有信心克服。中国父母多是“敏于行、讷于言”，为了孩子做什么都行，但口头上的爱和鼓励却从不表达。正确的方法应该是，多说少做。多给孩子鼓励，少给他们帮助。这样教养长大的孩子有出息。

父母是孩子一生最好的师者，家庭教育是一切教育的基础。为人父母，真的要不断学习。尤其是母亲，它不是一个简单的称呼，更是一种智慧。每个能把孩子教养成材的妈妈，都一定是有大智慧的女人！

这些家庭最难教养出阳光少年！

“妻子委屈求全，丈夫得寸进尺，孩子处处嫌弃。”

——这十八个字，说尽了当下最可悲的婚姻关系！

也是从女儿渐渐进入青春期，我才开始逐步关注和女儿的关系以及家人之间温情的联系。曾经忙于事业，我一直以为作为母亲最重要的职责就是：可以用自己的奋斗，让孩子拥有一个值得骄傲的妈妈。

从女儿开始一次比一次严重地对抗我的教育，让我明白：一个母亲，除了要给予孩子以骄傲和榜样的力量，更重要的是培养她爱的能量。

曾经的我也很茫然，不明白为什么明明是为孩子好，她却跟我唱反调？明明我为她费的苦心最多，跟她却远不如其他家人般亲密？

那时候，我觉得自己是个特别委屈的母亲，就好像费尽了心力做的一件艺术品，悉心呵护到不让任何一个环节有瑕疵，当你手捧到他人面前时，对方却不屑一顾，弃如敝履，那种心酸的感受，折磨了我很多年。

也是因为荣恩集团的未来教育产业的源起，我开始逐渐涉猎教育学。女人是天生的母亲，或许母性是最发乎本心的一种流露，有些做母亲的学问，一开始学起，就再也放不下了。此时我才开始渐渐懂了，原来一个孩子的性格养成，跟父母的相处关系，紧密相关。

通常来说，这四类家庭，要格外注意孩子的教育问题。

强母弱父型

父亲性格极其软弱，母亲强势。我们都知道，父亲在孩子成长中，是立规矩的榜样，是给予孩子规则感和勇气的能量源，母亲更多则承担情感教育的责任。如果爸爸太过软弱，家里拍板的权利都交给了妈妈，那么父亲在家庭中的作用就会越来越边缘化，因而造成母亲说一不二的强悍作风。心理学认为，孩子总会向同性父母一方形成认同。也就是说女儿会向强悍的母亲性格靠拢，久而久之就会变成和妈妈一样强悍的女儿。儿子则会变成和爸爸一样自卑没担当的样子。这是父母自身教育属性错位的表现。

单亲受惊型

如今离婚率逐年走高，北上广的离婚率都已经接近40%，单亲家庭早已不是新鲜事了。但有一类离异家庭，对于子女的成长，则影响重大。比如在离婚过程中，夫妻恶语相向、动粗，甚至大打出手，如果此时孩子还很年幼，在这个过程中所形成的担忧感、不安全感、恐惧感也许永远无法医治。生活在离异家庭中的孩子，更易发生犯罪和焦虑、抑郁、敌对、报复、冷漠等心理障碍问题。很多从不幸婚姻中解脱的夫妻，在经过了漫长的冷暴力、热暴力之后终于解脱，却疏忽了最重要的一点，永远无法从中解脱的是孩子。我们经常说，结婚看缘分，离婚看修养。这份修养，不仅仅只是一种个人的风度，同时也是对孩子的保护。

相互指责型

有多少夫妻，是一边怨着一边过着？这大概数都数不过来。中国式婚姻关系有一个很不好的现象：夫妻喜欢互相指责，彼此都说跟对方结婚自己倒霉惨了。

爸妈喜欢相互指责，这样的家庭环境会严重影响孩子的处世方式。特别是当夫妻双方争论的时候，往往不会背着孩子，甚至会对着孩子说另一方的不是。这会让孩子以后对爸妈都不尊重，你想啊，天天听的都是父母的短处、缺点、毛病，谁会发自内心敬重这种人呢？哪怕是自己的父母。并且，在互相指责的家庭环境中长大，孩子性格通常较为敏感、偏执、爱找借口。很多父母吵架时，爱拉拢孩子成为自己的同盟军，于是无休止地去攻击对方，想借此让孩子对另一方不满，结果到最后，不仅伤了孩子，还伤了父母在孩子心中的威望。

暴力父母型

老百姓总说一句话："爱打架的夫妻离不了婚。"大概是说，一对夫妻打是亲骂是爱的意思。

这种床头打架床尾和的夫妻确实不少，站在理性的角度看，有时夫妻间打架也是一种表达亲密的另类表现，作为成年人也不是不能理解。但对于孩子而言，这却是安全感受到巨大冲击的过程。在这个过程中，孩子也许会表现出一些极端反应。

记得看过一个心理学的案例：刚上小学的女儿天天面对爱打架的父母，感到极其恐惧。后来某天女儿发烧了，父母顾不上打架，带着女儿在医院看病、输液，一家人和睦得不得了。后来女儿发现一个窍门，只要自己一生病，爸爸妈妈就会和好，于是从那时候起这个七八岁的小女孩就开始用各种办法让自己生病，大冬天的脱衣服挨冻，故意喝冷水肚子痛，甚至故意吃脏东西引起食物中毒……

每一个父母，都是孩子的天，对于成年人，也许只是一时的情绪发泄，但对于孩子，就是天塌了！长期生活在暴力家庭中的孩子，耳濡目染，还容易养成暴力脾气，这都是为日后的生活埋下了雷！

美国权威的儿科医生斯波克博士说过：孩子会通过观察他们的父母来学习尊重、爱和得体的行为。一个在没有爱的家庭成长的孩子，会对父母充满嫌弃。

爱永远是一种镜像原则，只有不缺乏爱的人，才更懂得如何去爱。我们身边有很多夫妻，每天的口头禅就是“我们是为了孩子才不离婚的”。你以为如此去捍卫没有爱和尊重的婚姻，是为了给孩子一个完整的家，其实最后却是害了孩子一生。

是的，别拿孩子当借口。如果决定维持一个家庭，就要以最积极乐观的姿态去调整和改善自己。在家庭关系中，夫妻关系永远是核心。夫妻关系和谐了，亲子关系才能和谐。要教育孩子，先教育好自己吧！

家教，是惠及三代的投资

近年来流行一个词——熊孩子。一听到这三个字，能令所有成年人头皮发麻。熊孩子们，小至调皮捣蛋，大至为非作歹，几乎成了“混世魔王”的代名词。

之前网上疯传一位小姑子的亲身经历：姑姑家上小学四年级的孙子，身高一米四，体重一百二十斤，从背后猛推她怀孕四个月的嫂子，因为“我想看看她是不是会流产”。事后熊孩子还依旧悠闲地吃着零食，小姑子左手拖把，右手擀面杖，从餐厅打到客厅，最后把熊孩子打到痛哭求饶，再也不敢登门。

狠狠地修理了熊孩子之后，妹子的姑姑抱怨她下手太狠：“把我孙子的背都打肿了，膝盖也青了。”

言外之意：“有必要这么较真儿吗？他还是个孩子啊！”

这帖子一石激起千层浪，引发了全民的关注。这说明一个问题：对于熊孩子的问题，大家真的已经忍得够久了！

有时翻看一下新闻，关于熊孩子的各种报道比比皆是。

男孩问身边在等候地铁的陌生姑娘要炸鸡排，姑娘拒绝，在地铁来临的瞬间，男孩猛地从后面把姑娘推向轨道！幸好旁边的市民眼疾手快拉住了姑娘，否则后果不堪设想。事后男孩妈妈拉着他迅速离开了现场，连句道歉都没有。

因嫌楼外施工声音太吵妨碍自己看动画片，家住八楼的十岁男孩用小刀割断了楼外施工者下方的安全绳。

高铁上，一位外国人提醒熊孩子小声点儿，反被熊孩子家长打了一记耳光！这一耳光力度之大，直接让外国友人的左眼球出血！

去年在飞往美国的航班上，一个熊孩子在飞机上闹事，对邻座的小哥拳打脚踢。熊孩子家长非但没管，反而和小哥扭打在一起。一家人本来是去美国度假的，结果刚落地，全家就被美国驱逐出境了。

……

你看，每个熊孩子的背后，都有个熊家长。父母是孩子最好的老师，如果父母教育得当，世上哪会有熊孩子！

我们的现实是，父母无条件把一切爱给了孩子，到最后，那些无底线的溺爱，就成了毒药。

有人总结了中国式的四大含毒宽容：来都来了，人都死了，大过年的，还是孩子。

熊家长总会拿“他只是个孩子”作为借口来逃避责任。殊不知，人一切的行为习惯，都是由幼年逐渐养成的，小时候的错误如果得不到及时纠正，也许就会成为跟随你一生的缺点和毛病。家长纵容包庇孩子的错误，才真是把孩子推向深渊的刽子手！

很多家长的口头禅就是：“爸爸妈妈这么努力工作都是为了你!”“你就负责好好读书，其他的任何事情都不需要操心！”

作为父母，都希望为孩子营造出更好的成长空间，这无可厚非，但当父母一味地表达一切都是为了孩子，可以包容孩子的一切缺点时，慢慢地，这些付出在孩子眼里就成了理所当然。这样环境下长大的孩子，一辈子也学不会体贴别人，包括自己的父母。

每一个身为父母的人，都要经常去观察孩子的言行，一旦发现他有了这些苗头，就一定要尽快开始纠正和教育，否则，他就离熊孩子不远了。

熊孩子，全无感恩之心

中国人有个很不好的习惯，家里有好吃的，全都留给孩子。为了让孩子多吃点，很多父母会在孩子面前撒谎“妈妈不爱吃鱼肉，只爱吃鱼头”“爸爸就喜欢吃坏掉的水果”“妈妈今天肚子不舒服，宝贝你替妈妈多吃点”……这样长大的孩子，会觉得好的一切留给自己是理所当然。就算这些孩子长大了、懂事了，饭桌上有了好吃食，也很少会请父母先吃。人生在世，感恩之心很重要，这是决定一个人道德品质的基础，更是为人处世的根本。试想，一个自私成性的人，即便家人可以纵容，当他成家立业到了社会上，如果还是一味的自私自我，大家只会离他远远的。懂得对父母和别人的付出表示感恩，这是孩子的一种情商训练。

父母如果发现孩子已经有了不懂感恩的苗头，一定要及时纠正。这时候你要懂得跟孩子提条件，不要孩子一有要求就无条件顺从，要让他知道有付出才有回报。更要学会经常跟孩子“诉苦”，把身为父母的不容易告诉给孩子，让他从小就懂得分担。最重要的是，作为父母一定要懂得爱自己，你可以把好的一切更多留给孩子，但一定也要照顾到自己的需求。如果父母完全牺牲，丝毫不爱惜自己，这在孩子眼里会成为一种习惯，觉得父母是一个不需要被爱被照顾的人，将来他的孝心也就无从谈起了。

熊孩子霸道跋扈

孩子往往都是自私的，觉得一切好的东西都该是自己的，一切人都该顺从自己：看电视时不允许别人换台，不允许父母夸其他孩子比自己好，经常对父母大呼小叫，自己喜欢的玩具别人碰一下都不行……很多家长觉得这是因为孩子小不懂事，长大了就好了。其实这就已经提醒父母，对于孩子的教育出了问题。

父母在年幼的孩子前面，必须保持权威，否则你所有的教育理念都根本无计可施。当孩子顶撞你或是根本不把你的话放在心上，这时候父母就一定要舍得“修理”孩子了。如果心平气和的引导不成，就可以采取惩罚措施。如今都在倡导爱的教育，觉得对孩子就必须要鼓励和尊重，也因此很多人忽略了对孩子的规则教育。孩子如同小树，不修剪枝叶不可能长成参天大树。父母有一项很重要的功课，就是要树立自己在家里的权威地位，如此才能在孩子“出格”的时候起到有效的调教。所以，真正智慧的父母，可以做到让孩子又爱又怕。这个怕字，即是敬畏心。缺少了“敬畏心教育”的孩子，将来的际遇令人担忧。

熊孩子没有责任意识

父母可能觉得孩子还小，不到负责任的年纪。就像我们在文章一开头提到的那些新闻一样，一个没有责任意识的孩子，做出的恶举简直让人毛骨悚然！

很多孩子犯了错误，受到父母教育时可以把责任推卸得一干二净，甚至还撒泼耍赖满口歪理。往往不少父母最后气得哭笑不得，甚至还有父母略带炫耀地说：“现在的孩子怎么都那么聪明啊！”

请打住，孩子的这份好口才可不是什么值得高兴的事。说明这类孩子习惯了以自我为中心，觉得一切人和事都该为自己服务，心里也就更加没有要为自己行为负责任的概念了。

“4rong理论”一直提倡父母要对孩子进行责任教育，要从小培养孩子独立承担的习惯，做事情要有始有终有责任感，这才是一个品行端正的人最初的家教。

虽然说了那么多熊孩子熊家长的故事，但也同样看过一些这类的新闻：

一个孩子在书店“顺走”了四本漫画书，家长发现之后写下道歉信并留下全部书款四十元，一大早从门缝里塞进书店：“你好！由于我教子无方，儿子在你店里拿了四本书。本应本人带上儿子亲自来道歉，但贵店没开门，我把钱放里面了。对不起。”

有位妈妈带小孩子坐飞机，害怕孩子吵闹打扰到周围的旅客，便给周围所有旅客发了一份小礼物，里面装着耳塞和小糖果，并附上了一张温暖的小卡片。空姐说孩子没吵没闹，全程都很乖。

孩子坐电梯将所有楼层键都按了一遍，家长在得知后和孩子各写一份检讨书贴在电梯里，为了检讨自己，也为了让其他小朋友知道乱按电梯按钮可能造成的严重后果，因为“做错了事情就要勇于承担”。

……

中国人讲究“家教”，每一个施以家教的父母，首先应该先教育自己。你是什么样的人，你的孩子就会成为什么样的人。家长的一言一行，决定了孩子未来的人生方向。从现在开始，做好你的家教，这才是真正能惠及三代的投资。

父母智慧：惩罚的策略

我不否认自己曾经也是个急躁的妈妈。似乎身边很多做企业的姐妹，都难避免这个尴尬：都说女人应该在家外当老虎、在家里做小猫，实际操作起来，这几乎能让自己人格分裂！

一位企业家闺蜜就曾对我说："有一次，女儿对我说，'妈妈我特别讨厌你，你在外面是一张老总脸，回到家还是一张老总脸。你那么喜欢当老总干嘛还要回家啊？！'"

她是一边说一边抹眼泪，管理几百号员工对她来说小菜一碟，但所有的聪明才干到了女儿这里全都无效，一副无助的样子你完全看不出她是个叱咤商界的女强人。

大概事业型女人都会有这样的惯性：在职场指点江山，回到家里也难免会有点管理欲，对老公对孩子，你可能进门前已经跟自己说了一万遍"要温柔、要低声"，推开家门一开腔，不自觉的又是高高在上的姿态了。

很多事业有成的女人往往管不好自己的孩子，因为要么是对孩子也如同对下属，军事化管理模式，结果把孩子的天性都给压制住了。要么就是抱着一种“负疚心理”，觉得自己忙于事业疏忽子女，一味地想补偿孩子，就算犯了错误也不舍得惩罚。这就是“慈母多败儿”的道理了。

我们其实要来分析一下爱的内涵。有人觉得爱的定义就是呵护、给予、牺牲。其实爱还有另一重内涵，是惩罚和矫正。

教育界有这样一种说法：“如果你不能让一个五岁的孩子把玩具从地上拾起来，你就不可能在孩子的青春期，这个一生中反抗最激烈的时期，对他施行任何有效果的控制。”

纵容孩子无礼，就等于纵容他将来的犯错。

为什么说父母的爱是这世上最深沉厚重的爱？就是因为父母是我们在这个世上的引路人，他们用爱来引导我们向前，父母之爱的正确性，也决定了孩子未来走向的光明与否。我从来不认为一个从不惩罚子女的父母就是真的爱孩子，如果爱缺少了规则感，那这样的爱对孩子也是一种害。

聊到爱的惩罚，可能很多父母简单的就会想要体罚、批评，其实不然，真正能塑造孩子健康性格的惩罚，绝不只是打骂这么简单。

传统意义上对于孩子的管教，诸如批评和体罚，会让孩子感到仇恨、自卑、敌对、罪恶感等，如果家长在教训孩子时再带有过多负面的不良情绪，那么孩子不仅难以接受教训，还会把情绪转移到如何报复家长上面。粗暴式的惩罚也是最容易被孩子效仿的，“以强欺弱”会成为他面对问题的处理方式。我们经常看到有很多在学校里爱打架的孩子，通常都是隔三差五就在家挨打的。简单的打骂，让孩子受到惩罚的同时，也减轻了他们对犯错的内疚感，因为人性本能地会认为“惩罚”可以抵消“罪行”，只要接受过惩罚，就可以心安理得地重复犯错了。

对待孩子，最好的惩罚教育是什么呢？是让他经历自己的错误行为所带来的后果。

比如说孩子在外面跟同学打了架，浑身脏兮兮的回到家，大多数家长通常的做法会是把孩子揍一顿，然后拾起孩子的脏衣服去洗，晚上再赔着笑脸给同学的家长打电话道歉。实际上在这个过程中，接受惩罚的是父母，因为衣服你洗了，歉你也道了，孩子除了挨顿打，没有付出任何体力和尊严上的惩罚。正确的做法应该是，让孩子给同学以及同学的家长电话道歉，并且晚上自己把脏衣服洗干净。一个孩子，只有从小就有“自己承受后果”的意识，在行为上才有可能学会自我约束。

除此之外，还有几种比惩罚更行之有效的教子之道。

讲道理是最潜移默化的教育

很多父母觉得孩子小，根本听不懂道理，这就大错特错了，四五岁的孩子就已经有了独立的思想意识，他们已经可以做出初步的独立判断了。如果你觉得孩子在公共场合总是顽皮吵闹，可以直接告诉他：“我不喜欢你这样子，小孩子这样大喊大闹，会影响叔叔阿姨们休息的！”——必须要明确表达不同意的立场，也许一次两次未必见效，但这是一种潜移默化的影响，是帮助孩子明辨规则和是非。

给孩子提供AB选项

孩子小时候不爱洗澡，有的妈妈一急躁，直接就拎起来给扔浴盆里了。孩子哭得是撕心裂肺，几乎像受刑罚一样洗完了澡。那么下次再洗澡时他会好好配合吗？当然不会。这只会增加他对洗澡的恐惧和厌恶。正确的做法应该是让孩子做个选择题：“你是愿意现在洗澡、一会儿让妈妈给你讲故事呢，还是愿意现在磨蹭着玩、一会儿洗完澡没时间听故事呢？”——不论多大的孩子，请先把他当成是独立意识的人。这是培养孩子理性思维的关键。

让孩子自己弥补错误

如果你的孩子在外面欺负了同学，又或是毁坏了公共的物品，不要简单的以一句“孩子小，不懂事”就遮掩过去。这时候最好的惩罚也绝对不是打骂，而是和他一起商量怎么弥补自己的错误。是不是要亲自去给同学道歉并且送出自己的玩具做补偿？是不是要用自己的零花钱去赔偿公共的损失？家长在这个过程中，最重要的是要让孩子主动去承担。这是培养责任感的重要方法。一个人只有敢面对自己犯下的过错，才是真正成熟的表现。

转移他的注意力

如果孩子当下的问题并不十分严重，那么可以简单的采取一些转移注意力的方式来矫正即可，比如孩子在外面总是捣乱不听话，父母可以让他帮着做些有趣的事情，让他帮着自己挑选物品：“宝贝，快帮妈妈挑几个最漂亮的水果，妈妈眼花都挑不出来了。”“你帮妈妈把这个头花戴上好不好？”“你去给奶奶做一朵小红花吧，她最喜欢你做的了。”孩子的注意力比成年人更容易分散，只要想办法把孩子的关注点从错误视角拉回来，那么接下来的一切惩罚大战也就根本不会发生啦！

做父母是一种技巧，爱更是一种智慧。当与子女发生冲突的时候，一定不要把视角放到彼此对抗上面，甚至很多父母害怕孩子不听话会让自己跌了面子，于是一定争出个输赢。这是最傻的做法。孩子并非父母的附属，他们也是独立的思想个体，你应该找到正确的方法，让每个人都得以尊严感的满足。

再有就是，永远不要在气头上就开始解决问题，此时所有的决定都是情绪化决定，再科学的语言技巧如果是暴跳如雷的语境下去说，都是不会有效果的。如果你觉得孩子当下的错误实在让你气急，不妨先缓上二十分钟，你也静一静，他也想一想，然后再开门解决问题。

我至今仍记得曾经看过的一个案例：上初二的女儿某次考试成绩极差，父亲暴跳如雷，打了女儿不算，并且要求当晚把试卷抄上两百遍。女儿点灯熬了一夜，父亲也在旁边一宿没合眼。结果第二天，原本就有心脏病的父亲因疲劳过度，在上班途中猝死。

这案例当时听得我就一惊。

天下没有不爱孩子的父母，但爱要得法，惩罚也要讲求技巧。对于孩子，你要爱，更要懂得如何去爱。确实，懂比爱更重要，不仅仅只是在爱情的领域。

父母必知的亲子时间法则

有人问我说："你怎么对亲子教育那么在行？"

其实不是我在行，因为我正在筹划未来教育产业，会主动地去学习这方面知识。也因此结识了很多亲子教育行业的专家朋友，获得了很多不曾关注过的知识。

做妈妈确实是一门大学问。老一辈人觉得把孩子养大，健健康康没病没灾就是福，如今的健康标准已经发生了变化，身体健康只占一部分，心智健康则成了大家更关注的事。

有一位教育学专业的姐妹，跟我讲过她亲身的育儿经历：儿子刚刚出生时，她跟老公因为工作太忙没时间带孩子，只好让婆婆把孩子带回老家抚养。孩子五岁时回到他们身边，她感觉问题严重了，孩子被爷爷奶奶惯得一身坏毛病，一点小小的不满意就要扔东西发脾气，不爱吃的菜一口都不碰，跟小伙伴玩的时候爱抢别人东西……做妈妈的开始制定计划，要求老公全力配合，说啥也要一点一点把孩子的坏毛病纠正过来。

她用了一年多的时间，终于在孩子进入小学的时候，把儿子的种种毛病改得八九不离十。此后她仍旧有挺大的遗憾："我真的是后悔，当初再忙也不应该把孩子扔给公婆。忽略了自己做母亲的责任，缺失了儿子一生最重要的五年的成长，而这五年，是今后多少努力都很难彻底弥补的。"

听完，只觉得她对自己要求太高了。然而我身边的事业女性们，更关注的是她怎么去教育孩子的这个过程。我们一见面就会聊孩子的话题，我记得她曾经分享过"亲子时间法则"，至今仍让我受益匪浅。不妨分享出来，与有困惑的妈妈们一起探讨。

起床时间：不要粗暴地把孩子拖出被窝！

赖床是孩子的通病，大多数孩子到了起床时间还要在被窝里伸懒腰，很多妈妈脾气急躁，会直接发火把孩子拖出被窝。这种做法大错特错。粗暴的叫醒方式会让刚刚从睡梦中醒来的孩子产生惊恐感，导致一天的坏情绪，很多孩子的厌学情绪往往也是跟父母粗暴的叫醒方式相关联。

父母对孩子正确的叫醒方式应该是：营造一个清晨爽朗的氛围。先打开窗户，让孩子呼吸到新鲜空气。放一段欢快的音乐，有助于孩子从睡眠中缓缓苏醒，然后可以轻轻抚摸孩子。从心理学角度讲这有助于人的自然醒来。经过了这一切抚慰式的叫醒之后，孩子会有个愉快的早晨，醒来首先感受到的是父母的爱，有助于提升孩子的自信和勇气。

每天早晨可以预留出15分钟的时间来完成这一系列程序。一段时间下来，会明显感受到孩子的变化：早餐的食量会增加，学习的积极性会提高，更爱与小伙伴们进行团体活动，并且作息会变得更有规律。

一日之计在于晨，孩子醒来时与父母进行的第一次互动，决定了他们一天的心情和状态，所以，不要在早上的时候粗暴地去对待你的孩子，这是父母的第一准则。

放学时间：请给孩子一点缓冲地带

很多妈妈的习惯是孩子一放学就开始唠叨“快去写作业”“瞧你那脏手，快去洗干净”“今天又跟小朋友打架了吗”……如今大多数妈妈都是职场女性，本身就工作忙碌，一天的辛苦工作之后，回到家还要带孩子做家务，确实让她们难以管住自己的情绪。不得不说，与父母分开了一整天后，孩子一回到家最渴望的是父母的温情，不论是温柔的问候，还是父母的笑容，这都可以给孩子家的安全感。

正确的做法是，孩子放学回家，先给他一个热情的微笑，最好妈妈给他一个抱抱，然后允许他吃一点自己喜欢的甜食，看一会儿喜欢的动画片或是漫画书，这段时间里不要去打扰他，就让他安静地在家里的小世界慢慢恢复体力。这对于孩子一天忙碌的校园生活，是最有效的缓冲地带。

睡前时间：珍惜与孩子相处的独处时光

很多妈妈在每晚督促孩子睡觉这件事上，做法和叫醒孩子起床一样粗暴“快点睡觉，不睡觉不长大个儿！”“不早早睡觉明天告诉你老师，看老师怎么批评你！”这些妈妈几乎是在用威胁和恐吓的方式来让孩子睡觉，导致很多孩子战战兢兢的上了床，闭着眼睛久久不能入睡。

这些妈妈实在太傻了，想想孩子每天上学，我们又要每天上班，或许也只有睡前的一点点时间，可以拿出来与孩子温柔的相处，为什么要让这一点点时间也变得狰狞呢?

正确的做法可以这样，每天睡觉前，孩子可以和爸爸或是妈妈单独相处一会儿，你们可以说一些悄悄话，问问他今天遇到的开心或是不开心的事。如果你想让孩子尽快入睡，可以选择每晚给他念一会儿睡前读物，此时妈妈读书的语调要注意轻柔缓慢，卧室的灯光尽量调暗，这都有助眠的效果，相信不一会儿，孩子就开始有睡意了。

我们发现，经常在睡前与父母有亲密交谈的孩子，会减少青春期的叛逆，长大后与父母的关系也更融洽，这都是因为父母用爱给了孩子一个阳光乐观的心态。

约会时间：做孩子的最佳玩伴

孩子当然需要管束，不能一切由着他们的喜好来，对于爱玩的游戏、爱吃的零食，如果不符合健康的要求，做妈妈的当然要坚决阻止。管束孩子不意味着要做一个彻头彻尾的强权妈妈。每周拿出一点时间，和孩子一起做他喜欢的事情，这有助于增加亲子关系的亲密度。

比如你可以每周拿出一个时间段和孩子一起玩游戏，这个游戏也许是平时你不允许他玩的，你可以告诉他“虽然平时不允许你玩，但妈妈会定期和你一起玩一次”。又比如可以带他去做一项有趣的活动，不论是一起做糖果还是出门玩滑板，你要和他一同参与。这个时间不一定要多长，一小时足矣，但这是你们专属的亲子时间，可以增加父母和孩子亲昵的互动感。

我从来不认为每时每刻陪着孩子，你就会是好妈妈。女人在家庭之外，还要有自己的事业，我们要兼顾的事情很多，你的世界当然不止是孩子。但母性的天职是养育一个健康而优秀的子女，那么，在对的时间做对的事，就显得尤为重要了。

也许你不能把所有时间都给予孩子，但是，你可以把最对的时间用来做个称职的妈妈！

贵族吃的不是饭菜，是仪式感

小时候看《红楼梦》，印象最深的一道菜是茄鲞，听凤姐说它是做法是："把才摘下来的茄子把皮去了，只要净肉，切成碎丁子，用鸡油炸了，再用鸡脯子肉并香菌、新笋、蘑菇、五香腐干、各色干果子，俱切成丁子，用鸡汤煨干，将香油一收，外加糟油一拌，盛在瓷罐子里封严，要吃时拿出来，用炒的鸡瓜一拌就是。"

一道茄子小菜，听得刘姥姥直咋舌："我的佛祖！倒得十来只鸡来配他，怪道这个味儿！"

小时候每看到此处都忍不住大口大口咽口水，觉得这道茄鲞一定是世上最好吃的菜了。直到前些年流行起红楼菜系，终于有幸尝到了这道念了几十年的小菜，尝了一口就开始皱眉，我问大厨："这是按书里的做法做的吗？"

“没错儿，一点儿不差。照搬着书中的配料步骤调制的。”大厨拍着胸脯保证。

我其实有点失望，这一盘吃下，并不如想象中的美味，茄子经过无数步骤的烹制，早失去了茄子的清香，难怪刘姥姥会说“奇怪，怎么吃不出一点茄子味？”这样精致的茄鲞，味道其实也并不比地三鲜、烧茄子来得美味。

直到后来我才明白：《红楼梦》里的饮食，写的不仅仅只是吃喝，它更是一种仪式感。

中国古代的宫廷乃至官宦家族，对于食物的讲究，真可谓是完美主义的极致表现。食物的烹煮方式，盛菜盛酒的器皿，乃至饮食的步骤规矩，无一不精妙细致。现代人因为对古代文化缺少了解，总以为古代宫廷里的皇帝后妃一定天天吃的都是凤肝龙髓等奇珍异馔，其实真不是这么回事儿，古代的宫廷御膳，也未必比咱们今天的家常菜华丽多少，但是天子帝位那种吃饭的仪式感，确实威严自生。

如今咱们一年中最重要的节日是春节，百姓们总要把好吃食积攒起来留到年三十这一晚大吃一顿。古代并不把春节看得最重，因为每个节气都要认真庆祝、好好吃饭。寒食节、五月节、八月节……每个特别的节日都有特别的吃饭仪式，越是贵族，越不偏重口腹之欲，相反讲究吃饭的规矩。

在古代宫廷，每到重要节日皇帝宴请群臣，一切都有着严格的等级规定，皇帝面前摆满了精致的花枝，鲜花瓜果叠成的宝塔，以及各地的奇珍异果……但这些不是用来吃的，只是摆在那里赏心悦目的。群臣面前也有装点摆设，但就要按官级逐级递减了。

筵席开始之前，奏大乐，待皇帝入席，百官站立恭迎，皇帝入席后鸣放鞭炮。皇帝家的饭局，五品以下的官员是没位子的，只能站着吃。唐朝宫廷过年的时候，一开宴席，先不忙吃喝，先看表演，太常寺卿安排的舞蹈，要么是杨贵妃跳过的霓裳羽衣舞，要么是傩舞，用以驱除邪魔瘟疫。吃饭之前先敬神，等驱完鬼神，才开宴席。

说到这儿就有朋友可能会好奇了：到底古代皇家会吃什么呢？

从古书里看，皇家的吃食，和咱们今天饭桌上的饮食差不多。有记载明朝的皇帝赐臣子的吃食，不过都是些元宵、粽子、春饼之类的家常肴馔。清朝道光皇帝曾赏赐过林则徐一回鹿肉，这就是很高档的菜品了。

你看，这跟我们在影视剧中看到的皇帝赐宴截然不同吧，影视剧里的官员权当是大饱了一顿口福，真实的历史中，几乎没有官员敢敞开了胃口吃，能被皇帝赐宴，这是官员以及他背后的家族无上的荣耀，这样的饭局，吃的是盛大的仪式感。

每每看到书中的历史，我都感慨如今我们吃得太随意了。孩子们爱吃的是肯德基、麦当劳，女孩子偏爱挤在一起吃麻辣烫，小伙儿聚在一起就要撸串……食物并没有高低贵贱之分，只不过如果我们只是把食物当成是填肚皮、香嘴巴的东西，那也确实对不起咱们老祖宗的精致。

尤其身边的职场女性们，总是把吃饭当任务，填饱肚子即可，味道食材都懒得关注，更别谈吃饭的氛围了。我身边有位极其讲究吃东西的朋友，某次他去吃北京烤鸭，一定要看着大厨亲自把烤好的鸭子片成片，先片鸭胸的脆皮，再切开锁骨从右侧片起，片完鸭翅片鸭腿，最后把鸭头劈成两半，摆盘上桌。看到同行的女性朋友伸手去拿荷叶饼，他偶尔也开玩笑似的拦一下，笑着说："按照老北京传统的吃法，吃烤鸭也分男女，男人才能选择荷叶饼裹鸭子，女人只能吃这个空心烧饼。"虽然最终吃还是照吃不误，但一顿烤鸭，也让大家都了解了皇城根儿下的老规矩，一道菜，透出了浓浓的仪式感。

我越来越喜欢下工夫的饭菜，庄隐阁中的创意菜盘盘讲究烹制和摆盘的门道。有次一个带朋友来庄隐阁吃饭，席间他看到每人面前端上了一个西红柿，不禁朝我撇撇嘴，开玩笑说："就请我吃个西红柿啊！"我也不反驳，只笑笑跟他说："番茄一枚，内有乾坤。"果然，当他拿勺子挑破番茄的外壁，里面黄澄澄的炒蛋露出了真面目，他简直惊讶极了："番茄炒蛋还能这么吃！这世上除了你这里，估计再也找不出第二家了！"

那一盘被他吃得干干净净，形妙味妙，简单的食材也能美不可言。这种对食材的尊重，即为饮食中的仪式感。

到了螃蟹季，给家人买大闸蟹的时候也不忘购置一套蟹八件，吃韩餐的时候也不再嫌慢悠悠摆上来的十几碟小菜麻烦。——生活没有那么着急，不妨把仪式感做足。

现代人不那么注重饮食的仪式感，是因为我们现在物质的空前繁盛，吃的喝的全都不愁，物流如此发达，想吃各地美食一个电话就能送到。越是困难时期，对待事物就越发敬重，越会把吃饭当成一种福恩。反倒是物质丰富了，对事物的敬畏心也少了。

某次在一档育儿节目中看到胡可，一个细节令我对这位明星妈妈刮目相看。

胡可带着两个儿子到马雅舒家做客，发现他们家没有餐桌，吃饭的时候，马雅舒的孩子怎么都不肯吃饭，马雅舒也很尴尬："我们家孩子都快成神仙了，没人怎么吃饭的。"而安吉和小鱼儿在吃饭的时候却一直围在厨房外，有菜来了就乖乖的吃，不挑食也不捣蛋，看起来十分懂事。胡可后来在接受采访时说："吃饭这件事情，必须坐在餐桌上来完成，这是一个很有形式感的事情。"

这句话真不由得令人佩服！

我提倡吃饭的仪式感，不仅仅是一种外在的形式，更是发自内心对于天地、对于食物的一种敬重。如果你把吃饭这件事看得极其重要，那么小孩子也就不会浪费食物，夫妻也就不会在饭桌上吵架。我们的生活越来越现代化，什么都追求速度和效率，但吃饭这件事却可以更传统一些，饭桌上的细嚼慢咽，饮食时的心平气和，这就是对待事物、对待财富，最好的感恩。

因果藏在哪里?

佛经有云：世事轮回，因缘际会，一切皆有定数。

我深信因果。

世上有一个道理：你之所以执著于很多痛苦走不出去，之所以纠结于很多难题找不到解决之道，都是忽略了因果的作用。

我们强调个人努力，期待人能胜天，但很多的时候，万事万物的前因决定了它的后果。也许不是你当下不够努力，而是曾经你种下的善因不够。

很多对因果了解不多的人，会把这归为“迷信论”，在我看来，因果才是科学。

从科学定义来看因果律，它的解释是：当你先观察到两件事总连在一起发生，且这两件事自己还不单独发生，我们就说这两件事有因果关系。

曾经风靡全球的畅销书《秘密》，其核心内容就四个字：心想事成。

它认为，只要你足够想达成某个目标，只要时刻去想要达成，就会产生一种能量场，这种巨大的能量会辐射到周围人和物，不自觉地向你靠拢来帮助你实现目标。其实说白了，这就是一种因果。

我们经常会说某个人作茧自缚，他自己的行为一点点积累起来，最后害了自己，这也是一种因果。说到这我经常想到徐志摩，当年他婚内出轨，疯狂追求林徽因，回到家就要跟原配妻子张幼仪离婚。当时张幼仪已经怀孕，徐志摩便逼她去堕胎。由于医学不发达，堕胎风险很大，张幼仪不愿冒险，徐志摩冷冰冰地对她说："还有人因为坐火车死掉的呢，难道你就不坐火车了吗？"见妻子不答应，他便将怀着身孕的妻子撇下，一走了之不闻不问。

多年后徐志摩为了去听林徽因的演讲，乘飞机遇空难丧生，年仅三十四，想到他逼原配妻子堕胎时说的那句"还有人因为坐火车死掉的呢"，不禁令人一惊。这又何尝不是一种因果。

有空闲的时候，我会带着身边的小朋友去郊游、去亲近农田，告诉他们庄稼是如何生长的，一蔬一饭是怎么来历的，所有口头上的"珍惜食物"都太肤浅，只有亲身让他们了解了因果，才是最有效的生活教育。

对于因果的传承，现代人看得越来越淡了，在中国古代，很多律法中都透着对因果的敬重。汉朝曾有"杀牛偿命"的律法，这并非源自印度神秘的宗教信仰，而是因为大汉刚立朝时，连年大战结束，国库虚空、百姓艰苦，北方匈奴虎视眈眈，恢复生产是迫在眉睫的事，农业是立国之本，耕牛又是农业之本，少了一头牛，就可能少耕好多田，所以在汉代，牛可谓是一级保护动物。这其实就是一种对于因果最务实的践行。

由着善恶因果，我们再说回到家庭关系。因果律体现得最直接最完整的，就是亲人之间。我们经常看到很多子女不孝顺，回溯到他们幼年时，一定是父母的教养方式出了问题。还有一些父母觉得自己的孩子一身坏毛病，渴望着孩子能成为传说中“别人家的孩子”，却没有从自己身上找着原因。仔细看会发现，孩子身上的毛病，在父母身上大多都有显性或隐性的体现。家人之间的因果律，磁场是最强的。

我记得一本书中写道：小时候都是爸爸给洗澡的孩子，未来的社交能力会更强。

这是英国心理学家霍华德·斯蒂尔针对一百个家庭的一份调查记录，记录孩子们从0岁起经常是哪个家长给洗澡的，在这些孩子14岁那年，实验人员通过调查问卷了解这些孩子的社交情况。发现了这个规律：那些童年时期从没让爸爸洗过澡的孩子中，30%会经常跟同龄孩子有冲突；那些童年时期平均每周让爸爸洗澡3—4次的孩子，跟同龄孩子的冲突只有3%。

原因是什么呢？孩子既能在肌肤的抚触中获得安全感，同时，父亲的抚触又带有刚毅果敢的力量，这能够稳定孩子的情绪，从而让孩子性格变得更加理性。

你看，这是科学，也是因果。

人间的万事万物皆有定数，这个定数不是天然自成的，它只能隐藏在你过去一点一滴的言行中。

如果对于当下的生活不满意，就去自己身上找找原因吧。

认识自己、把握自己、改变自己，才是唯一扭转命运的机会。

性格可以再造

因为一直筹划荣恩的“大未来计划”，平常不少父母会来跟我聊到孩子的教育问题。我发现一个现象：现在孩子聪明，接受的知识量也多，即便只是小学阶段也已经拥有了过去同龄孩子不敢想象的经历。他们最大的问题，已经不再是“见世面”的问题了，而是“性格问题”。

孩子普遍难管教，也有利弊两方面：好的一面说明孩子具有了独立的思考意识，有主见了。不好的一面则是，一个难以约束的孩子，你很难把他朝着更好的方向去引导。

性格决定成败，一个人发展到最后，拼的不是资历与能力，而是与人相处中体现出来的个性。蔡元培先生在《中国人的修养》一书中写到：决定孩子一生的不是学习成绩，而是健全的人格修养。

我们的专家在观察一些教育样本时会发现，有几类性格的孩子，成年后步入社会会面临更多的问题。

一类是窝里横。这类孩子在家活泼霸道，出门就胆怯不敢说话了。再一类是不合群的孩子，在学校里总是被孤立，没有玩伴。还有一类是情绪化严重的孩子，遇到不顺心的事就撒泼打滚。再有就是消极自卑的孩子，遇到事情就往悲观方面去想。

孩子性格的养成，其重要性自不用说。但有个发现：在孩子性格有问题的家庭中，父母的性格中往往带有同样的缺陷。

这就给我们的“大未来计划”提出了一个很严峻的课题：只教育孩子有用吗？如果忽略了父母的共同教育，孩子耳濡目染之下难道不会重蹈覆辙吗？

答案是显而易见的。任何名师，也只是课上的传授，父母的陪伴贯穿一生。子女和父母一同接受性格教育的引导，一直是“4rong提升法”所倡导的教育理念。

说到这儿可能很多父母会表示出不认同：“都说成年人的性格一旦养成很难改变，我就算知道自己有问题，也改变不了啊！”

此话差矣，科技的进步总会把一切不可能变成可能。

美国the Greater Good Science Center机构针对社交行为与情绪教育可能对孩子造成的影响进行过研究，发现童年时期的经历会影响着人日后在亲密关系与性格上的表现。小时候感受过什么是爱和信任的人，长大后自然会朝着长期稳定的亲密关系发展。

不过，最新研究也指出，有性格缺陷或者心理疾病者，只要通过专业有效的人际训练、心理治疗，一般在2周到4个月内就能看到性格上的转变。

一直觉得特别遗憾的一件事是：市面上很多书籍都是在指导青少年如何寻找人生方向，但在整个中国，却几乎没有对于成年人的目标教育类书籍。比起青少年，成年人其实更需要目标感，不管教育程度以及健康状况，只要有清晰的目标，就能避免认知能力与体能的下降，同时还可以避免失眠等健康问题，并且能有效降低阿兹海默症的发生率。

我一直认为，孩子与父母要接受共同的性格教育，这不仅仅只是体现在克服缺陷，同样适用于新的积极性格习惯的养成。随着年龄的增长，人接受新鲜事物的能力确实会逐渐变弱，但专业的老师会帮助你实现新能力的养成。比如说，感恩、同理心以及积极心态可以透过科学的培养来建立，面对压力时的消化与复原能力也同样如此。

在调查中发现，通过帮助他人能够在压力中重建自我，在助人的过程中内心感受到了充实愉悦，能有效的培养正视困难的决心，而不再是一味的逃避，这是一种抗压能力的练习。另外，经常安慰别人，本身就是一种情绪训练方式，可以促进积极性格能量的循环。

荣恩也会经常涉足一些公益事业，员工们在这个过程中会体验到自我的价值感。我们总说现在是一个“集体无价值感的时代”，原因就在于大家忽略了助人的乐趣，帮助他人，绝对不仅仅是给予，更是一种获得，获得了自身的积极能量。

与此同时，情绪教育也不能忽略。“大未来计划”中，孩子除了接受诗词歌赋、因果传递等传统的知识和能力教育外，还要接受长期有效的情绪管理引导。可能情绪训练的课程很难在短期内让人看到孩子在学业与生活上的进步，不过通过专家长期的跟踪观察发现：只要经过四年情绪训练与社交能力课程，孩子就可以在情绪辨识、处理冲突的能力都更加擅长，协作能力以及解决问题上的能力，也都获得一定的提升。同时，学业成绩也显得突出，较少发生暴力冲突和抑郁情绪。接受过情绪训练的孩子，总体看起来会更加阳光。

现在我身边很多朋友已经开始不断的催促我赶快把“大未来计划”彻底实施起来。当然，他们平常也会带着孩子一起来会所，打打坐、写写字、母子父女一起听听音乐聊聊天，他们常常跟我说“在这个过程中，我觉得自己变得干净通透了，好像浊气都在远离。”

环境影响着人的情绪，每一种情绪爆发的节点，都是受一种环境磁场的影响。所以，不论是我的“4rong提升法”，还是荣恩的“大未来计划”，都是要打造一个有积极能量的环境场。

每个人都是情感动物，传统的学习只是传授技术的过程。除了喜、怒、哀、乐、惊喜、厌恶、恐惧这几种固有情绪之外，人类至少还有27 种不同的情绪感受，像是怀旧、狂喜、不安等。所以，如何驾驭自己的情绪、最终塑造成自己满意的性格，这是我们一生的任务。不论孩子还是成人，只要肯身体力行的去做努力，我们都可以成为自己的性格雕塑师！

图书在版编目（C I P）数据

荣她说：生活不会亏待任何一个精致生活的女人 / 张荣花著. -- 天津：百花文艺出版社，2018.10
ISBN 978-7-5306-7563-2

Ⅰ. ①荣… Ⅱ. ①张… Ⅲ. ①女性－成功心理－通俗读物 Ⅳ. ①B848.4-49

中国版本图书馆CIP数据核字(2018)第206958号

荣她说：生活不会亏待任何一个精致生活的女人
RONGTASHUO SHENGHUOBUHUIKUIDAIRENHEYIGE JINGZHISHENGHUODENVREN
张荣花著

出 版 人：张纪欣
顾　　问：苏　芩　**责任编辑**：魏　青
特约编辑：刘连生　**装帧设计**：壹诺设计
内文插图：泛廷传媒　CFP@视觉中国
出版发行：百花文艺出版社
地址：天津市和平区西康路35号　**邮编**：300051
电话传真：+86-22-23332651（发行部）
+86-22-23332656（总编室）
+86-22-23332478（邮购部）
主页：http://www.baihuawenyi.com
印刷：天津市豪迈印务有限公司
开本：910×640毫米　1/32
字数：150千字
印张：7.75
版次：2018年10月第1版
印次：2018年10月第1次印刷
定价：45.00元